Korean Made Simple

Workbook #1

GO! Billy Korean

Korean Made Simple Workbook #1
Volume 1, Edition 1

Written by: Billy Go
Edited by: Sohyun Sohn
Published by: GO! Billy Korean

Audio files for this book are available for free download from gobillykorean.com.

Cover design by: Joel Tersigni
Cover artwork by: HeeJin Park (heejindraws.tumblr.com)
Additional Public Domain images obtained from Openclipart.org

Copyright © 2018 GO! Billy Korean
http://www.gobillykorean.com
All rights reserved

Printed by Amazon Kindle Direct Publishing (KDP)
Available from Amazon.com and other retail outlets

ISBN: 9781790779703

TABLE OF CONTENTS

	Preface	v
	Introduction to Hangul	7
	More Hangul	11
	Introduction to Sound Changes	15
Chapter 1	Saying Hello	17
Chapter 2	Likes and Dislikes	21
Chapter 3	Simple Sentences	25
Chapter 4	Wanting and Not Wanting	29
Chapter 5	Verbs	37
Chapter 6	More Verbs	43
Chapter 7	Asking Questions	51
Chapter 8	More Questions	59
Chapter 9	Adjectives	67
Chapter 10	More Adjectives	75
Chapter 11	Colors	85
Chapter 12	Numbers	93
Chapter 13	More Numbers	103
Chapter 14	Negative Sentences	113
Chapter 15	Korean Markers	121
Chapter 16	Telling Time	129
Chapter 17	Shopping	137
Chapter 18	Relationships	145
Chapter 19	Informal Korean	153
Chapter 20	Past Tense	161
	Appendix C. Sound Change Rules	171
	Special Thanks	175
	About the Author	176

Preface

Hello again! It's great to see your devotion to Korean. I'm happy to see that you're trying your best to practice and review the language as much as possible on your journey to learn Korean. As you might know, "Korean Made Simple" was written to be a stand-alone book and includes workbook-style questions at the end of each chapter. However, part of the process of studying Korean is getting as much exposure to the language as possible; this includes practicing with native speakers and on your own, studying grammar with vocabulary, and reviewing concepts until you feel comfortable with using them. This expanded workbook was designed to assist you with that goal by helping you to become more comfortable with the concepts, grammar, phrases, and vocabulary presented in "Korean Made Simple."

Through this workbook, and through "Korean Made Simple," your Korean will be able to improve faster than it would by only using one textbook. Of course, the more that you can exposure yourself to Korean and the more practicing and reviewing that you can do, the faster you will advance.

How to Use This Workbook

This workbook was made to be used together with "Korean Made Simple: A beginner's guide to learning the Korean language." The chapters in this workbook are arranged to correspond directly with the textbook. As you work through each chapter in "Korean Made Simple," complete the corresponding section in this workbook for additional practice.

No new grammar or vocabulary will be introduced in this workbook; you'll only find what is already present in "Korean Made Simple." Note that this may also include content from the *Advanced Notes*. If you notice a grammar form, vocabulary word, or phrase that you are unfamiliar with, check the corresponding chapter or the glossary section in the back of the textbook to locate it. Or alternatively, you can check in a Korean dictionary.

While an effort was made to include every vocabulary word from "Korean Made Simple" in this workbook, some vocabulary may appear in later chapters here than in the textbook. This was done intentionally to create more useful practice problems and example sentences for this workbook.

Preface

Audio Files

Some of the practice exercises in this book will use audio files. You can download the audio files to accompany this workbook for free from my web site (**gobillykorean.com**). There are also free audio files available for all of the books in the "Korean Made Simple" series. All of these audio files were recorded by native Korean speakers.

Answer Keys

The more Korean you learn, the more "right answers" there will be. Don't be too surprised if your answers are different from what's shown – you might still be right. Compare your answers with the answers given in this workbook, but be open to other possibilities.

If you've already completed "Korean Made Simple" and are using this workbook for additional practice, then this tip is for you: feel free to use either the 니다 form (e.g. 합니다) or the 요 form (e.g. 해요) to end your sentences (where applicable). I recommend using the 요 form in this workbook if you've already completed Chapter 19 ("Informal Korean"). You'll find that the 요 form will be used much more often than the 니다 form in spoken Korean, and mastering this conjugation will ultimately be more beneficial in the long run.

Additional Questions?

Feel free to send me a message anytime, any day (but please understand I'm not a vampire and I am asleep at nighttime). I love helping people like you to learn Korean, and I'd be happy to assist with any questions if I can. You can find my contact information in the back of this workbook in the "About the Author" section.

Introduction to Hangul

Practice writing each of the following consonants.

ㄱ ㄴ ㄷ ㄹ ㅁ ㅂ ㅅ ㅇ ㅈ ㅎ

Practice writing each of the following vowels.

ㅏ ㅓ ㅗ ㅜ ㅡ ㅣ ㅐ ㅔ ㅛ ㅠ ㅖ ㅒ

Practice writing each of the following diphthongs.

ㅚ ㅟ ㅢ ㅕ ㅙ ㅘ ㅞ

Practice writing the following sentences.

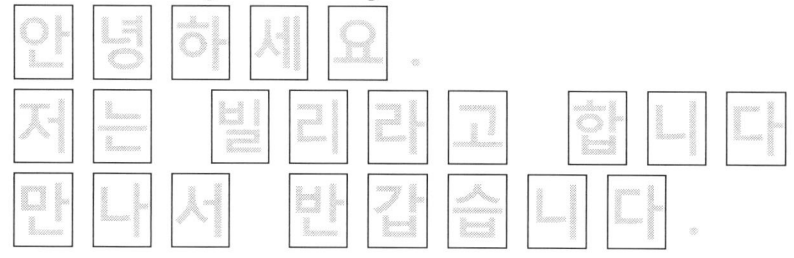

안녕하세요.
저는 빌리라고 합니다.
만나서 반갑습니다.

Count how many consonants are in each of the following syllables.

1. 기 ____
2. 남 ____
3. 도 ____
4. 랑 ____
5. 므 ____

6. 뱜 ____
7. 싸 ____
8. 읽 ____
9. 집 ____
10. 히 ____

Answers: (1) 1, (2) 2, (3) 1, (4) 2, (5) 1, (6) 2, (7) 1, (8) 3, (9) 2, (10) 1

Combine the following letters to form syllables.

1. ㅎ + ㅏ → 하
2. ㅇ + ㅡ + ㄴ ____
3. ㅁ + ㅏ + ㄹ ____
4. ㄱ + ㅗ + ㄴ ____
5. ㄴ + ㅏ + ㅈ ____
6. ㄹ + ㅡ + ㄹ ____

7. ㄱ + ㅜ + ㄱ ____
8. ㅇ + ㅜ + ㅅ ____
9. ㅂ + ㅕ + ㄹ ____
10. ㅎ + ㅏ + ㄴ ____
11. ㄷ + ㅡ + ㅇ ____
12. ㄹ + ㅣ + ㅁ ____

Answers: (1) 하, (2) 은, (3) 말, (4) 곤, (5) 낮, (6) 를, (7) 국, (8) 옷, (9) 별, (10) 한, (11) 등, (12) 림

Introduction to Hangul

Practice writing each of the following words.

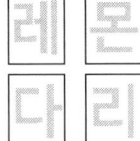

사과
고양이
나무
레몬
다리

바나나
아홉
물
장미
지갑

Count how many strokes are in each of the following letters.

1. ㅎ ____
2. ㄱ ____
3. ㅏ ____
4. ㅡ ____
5. ㅂ ____

6. ㅇ ____
7. ㅁ ____
8. ㄷ ____
9. ㅈ ____
10. ㅛ ____

Answers: (1) 3, (2) 1, (3) 2, (4) 1, (5) 4, (6) 1, (7) 3, (8) 2, (9) 3, (10) 3

Choose the correct stroke order for each of the following letters.

1. ㄱ   a. ㄱ   b. ㄱ   c. ㄱ
2. ㄴ   a. ㄴ   b. ㄴ   c. ㄴ
3. ㄷ   a. ㄷ   b. ㄷ   c. ㄷ
4. ㄹ   a. ㄹ   b. ㄹ   c. ㄹ
5. ㅁ   a. ㅁ   b. ㅁ   c. ㅁ

Introduction to Hangul

6. ㅂ   a. ㅂ   b. ㅂ   c. ㅂ

7. ㅅ   a. ㅅ   b. ㅅ   c. ㅅ

8. ㅇ   a. ㅇ   b. ㅇ   c. ㅇ

9. ㅈ   a. ㅈ   b. ㅈ   c. ㅈ

10. ㅎ   a. ㅎ   b. ㅎ   c. ㅎ

Answers: (1) a, (2) c, (3) c, (4) b, (5) c, (6) a, (7) b, (8) a, (9) c, (10) c

Track # 2

Listen to the audio track and write down each syllable you hear in order.

Answers: 김, 봄, 난, 리, 무, 돌, 상, 아, 잘, 흔

Break up the following syllables into individual consonants and vowels.

순	ㅅ + ㅜ + ㄴ	볼	_____
미	_____	흥	_____
오	_____	앉	_____
딥	_____	굴	_____
혼	_____	잘	_____
박	_____	공	_____

Answers: (순) ㅅ + ㅜ + ㄴ, (미) ㅁ + ㅣ, (오) ㅇ + ㅗ, (딥) ㄷ + ㅣ + ㅂ, (혼) ㅎ + ㅗ + ㄴ, (박) ㅂ + ㅏ + ㄱ, (볼) ㅂ + ㅗ + ㄹ, (흥) ㅎ + ㅡ + ㅇ, (앉) ㅇ + ㅏ + ㄴㅈ, (굴) ㄱ + ㅜ + ㄹㄱ, (잘) ㅈ + ㅏ + ㄹ, (공) ㄱ + ㅗ + ㅇ

Introduction to Hangul

The following syllables have been written incorrectly. Re-write them in the correct order (without rotating). Some may have two possible answers.

ㄱㄴ		ㅇㅇ	_____
ㅏㄱ	_____	ㄹㄱㅁ	_____
ㅏㅇ	_____	ㄴㅎ	_____
ㅇㅅ	_____	ㅏㅂ	_____
ㄱㅁ	_____	ㅁㅈ	_____
ㅣㅁ	_____	ㅡㅅ	_____

Answers: 가, 아, 송 or 옷, 무, 김 or 믹, 응, 름 or 물, 혼 or 놓, 밥, 짐 or 밎, 스

Write down the pronunciation of the following examples, paying close attention to sounds flowing through the consonant ㅇ.

외국인	외구긴	힘들어	_____
멀어	_____	밤이	_____
앉아	_____	밤에	_____
읽어요	_____	힘을	_____
눈이	_____	맞아	_____
문은	_____	사람이	_____
글을	_____	일어나다	_____
둘이서	_____	몸을	_____
한국인	_____	물은	_____
한국어	_____	걸음	_____
아들아	_____	믿음	_____

Answers: 머러, 안자, 일거요, 누니, 무는 그를, 두리서, 한구긴, 한구거, 아드라, 힘드러, 바미, 바몌, 히믈, 마자, 사라미, 이러나다, 모믈, 무른, 거름, 미듬

More Hangul

Practice writing each of the following double consonants.

| ㅃ | ㅉ | ㄸ | ㄲ | ㅆ |

Practice writing each of the following strong consonants.

| ㅋ | ㅌ | ㅊ | ㅍ |

Which of the following consonants has a double consonant version? If it does, write it down.

1. ㄱ _____
2. ㄴ _____
3. ㄷ _____
4. ㄹ _____
5. ㅁ _____
6. ㅂ _____
7. ㅅ _____
8. ㅇ _____
9. ㅈ _____
10. ㅎ _____

Answers: (1) Yes (ㄲ), (2) No, (3) Yes (ㄸ), (4) No, (5) No, (6) Yes (ㅃ), (7) Yes (ㅆ), (8) No, (9) Yes (ㅉ), (10) No

Which of the following consonants has a strong consonant version? If it does, write it down.

1. ㄱ _____
2. ㄴ _____
3. ㄷ _____
4. ㄹ _____
5. ㅁ _____
6. ㅂ _____
7. ㅅ _____
8. ㅇ _____
9. ㅈ _____
10. ㅎ _____

Answers: (1) Yes (ㅋ), (2) No, (3) Yes (ㅌ), (4) No, (5) No, (6) Yes (ㅍ), (7) No, (8) No, (9) Yes (ㅊ), (10) No

Count how many strokes are in each of the following letters.

ㅋ _____   ㅊ _____
ㅌ _____   ㅍ _____

Answers: (ㅋ) 2, (ㅌ) 3, (ㅊ) 4, (ㅍ) 4

More Hangul

Practice writing each of the following words.

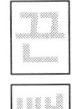

오리
카메라
택시
치약
표
뿔
쪽지
떡
꽃
쓰레기
의사

왕
원
귀
끈
뼈
책
석탄
초밥
핸드폰
모자
눈

Combine the following letters to form syllables or words.

ㄹ + ㅡ + ㄴ   른

ㄱ + ㅗ + ㅇ   _____

ㅇ + ㅖ + ㄴ   _____

ㄱ + ㅙ + ㄴ + ㅊ + ㅏ + ㄴ + ㅎ + ㄷ + ㅏ   _____

ㅉ + ㅏ + ㄷ + ㅏ   _____

ㅆ + ㅏ + ㄹ   _____

ㅋ + ㅣ + ㅇ   _____

ㅃ + ㅏ + ㄹ + ㄱ + ㅏ + ㅇ   _____

ㅊ + ㅜ + ㄱ + ㅎ + ㅏ   _____

ㅍ + ㅓ + ㅈ + ㅡ + ㄹ   _____

More Hangul

ㄲ + ㅘ + ㅇ　　　　　　　　　　　　_____

ㅇ + ㅚ + ㅇ + ㅜ + ㄷ + ㅏ　　　　_____

ㅅ + ㅣ + ㄱ + ㅌ + ㅏ + ㄱ　　　　_____

ㅇ + ㅜ + ㅅ + ㄱ + ㅣ + ㄷ + ㅏ　_____

Answers: 꽁, 웬, 괜찮다, 짜다, 쌀, 킹, 빨강, 축하, 퍼즐, 꽝, 외우다, 식탁, 웃기다

Choose the correct stroke order for each of the following letters.

ㅋ　　a. ㅋ　　　　b. ㅋ　　　　c. ㅋ

ㅌ　　a. ㅌ　　　　b. ㅌ　　　　c. ㅌ

ㅊ　　a. ㅊ　　　　b. ㅊ　　　　c. ㅊ

ㅍ　　a. ㅍ　　　　b. ㅍ　　　　c. ㅍ

Answers: b, a, c, c

Track # 3

Listen to the audio track and circle the syllable you hear for each number.

1. 감　간　강　　　　6. 도　또　토
2. 혼　홍　홈　　　　7. 불　뿔　풀
3. 아　어　오　　　　8. 쥬　쭈　츄
4. 비　브　버　　　　9. 샤　쌰　상
5. 가　까　카　　　　10. 외　위　의

Answers: (1) 간, (2) 홈, (3) 어, (4) 브, (5) 까, (6) 토, (7) 풀, (8) 츄, (9) 쌰, (10) 의

13

More Hangul

Introduction to Sound Changes

Write down only the bottom consonants (받침) for each of the following syllables.

1. 핫 _____
2. 밝 _____
3. 힘 _____
4. 낮 _____
5. 않 _____
6. 옳 _____
7. 옮 _____
8. 앙 _____
9. 곧 _____
10. 할 _____
11. 뵙 _____
12. 민 _____

Answers: (1) ㅅ, (2) ㄺ, (3) ㅁ, (4) ㅈ, (5) ㄶ, (6) ㅀ, (7) ㄻ, (8) ㅇ, (9) ㄷ, (10) ㄹ, (11) ㅂ, (12) ㄴ

Write down the pronunciation of the following examples, paying close attention to each sound change rule listed.

1. ㅅ, ㅆ, ㅈ, ㅊ, ㄷ, ㅌ, ㅎ

1. 핫 _____
2. 밭 _____
3. 껐 _____
4. 삶 _____
5. 웋 _____
6. 숲 _____
7. 웃 _____
8. 했 _____
9. 및 _____
10. 얻 _____
11. 앉 _____
12. 옷 _____

Answers: (1) 핟, (2) 받, (3) 껃, (4) 삼, (5) 욷, (6) 숩, (7) 욷, (8) 핻, (9) 믿, (10) 얻, (11) 앋, (12) 옫

2. ㄱ, ㄲ, ㅋ

1. 박 _____
2. 밖 _____
3. 억 _____
4. 깎 _____
5. 학 _____
6. 복 _____
7. 먹 _____
8. 복 _____
9. 옥 _____
10. 윽 _____
11. 겪 _____
12. 끆 _____

Answers: (1) 박, (2) 박, (3) 억, (4) 깍, (5) 학, (6) 복, (7) 먹, (8) 복, (9) 옥, (10) 윽, (11) 격, (12) 끅

15

Introduction to Sound Changes

3. ㅂ and ㅍ

1. 합 _____
2. 읍 _____
3. 앞 _____
4. 급 _____
5. 입 _____
6. 잎 _____
7. 립 _____
8. 갑 _____
9. 갚 _____
10. 옆 _____
11. 습 _____
12. 읖 _____

Answers: (1) 합, (2) 읍, (3) 압, (4) 급, (5) 입, (6) 입, (7) 립, (8) 갑, (9) 갑, (10) 엽, (11) 습, (12) 읍

4. ㅁ, ㄴ, ㅇ, ㄹ

1. 몸 _____
2. 함 _____
3. 온 _____
4. 한 _____
5. 응 _____
6. 빙 _____
7. 밀 _____
8. 을 _____
9. 민 _____
10. 힐 _____
11. 왕 _____
12. 몽 _____

Answers: (1) 몸, (2) 함, (3) 온, (4) 한, (5) 응, (6) 빙, (7) 밀, (8) 올, (9) 민, (10) 힐, (11) 왕, (12) 몽

Saying Hello

Chapter 1

❓ Select the drawing that best matches each sentence.

a.　　　　　　　b.　　　　　　　c.

1. 안녕히 가세요.
2. 안녕히 계세요.
3. 안녕하세요.

Answers: (1) b, (2) a, (3) c

❓ Complete the following dialogue using the vocabulary words in the box.

| 네 | 안녕 | 가세요 | 입니다 |

수지: _____ 하세요.
민지: _____ , 안녕하세요.
수지: 저는 수지 _____ .
민지: 저는 민지입니다.
수지: 안녕히 가세요.
민지: 네, 안녕히 _____ .

Answers: 안녕, 네, 입니다, 가세요

❓ Rearrange the words in the boxes to form complete sentences.

| 처음 | 안녕 | 뵙겠습니다 | 하세요 |

1. _____

| 입니다 | 만나서 | 저는 | 영희 | 반갑습니다 | 네 |

2. _____

| 안녕하세요 | 저는 | 입니다 | 안녕히 | 철수 | 계세요 |

3. _____

Answers: (1) 안녕하세요. 처음 뵙겠습니다. (2) 네, 만나서 반갑습니다. 저는 영희입니다. (3) 안녕하세요. 저는 철수입니다. 안녕히 계세요.

17

Chapter 1

Saying Hello

Connect each of the phrases in the left column with the <u>most</u> appropriate ending in the right column.

저는 철수 •	• 하세요
안녕히 •	• 반갑습니다
만나서 •	• 뵙겠습니다
처음 •	• 가세요
안녕 •	• 입니다

Answers: 저는 철수입니다. 안녕히 가세요. 만나서 반갑습니다. 처음 뵙겠습니다. 안녕하세요.

Choose which of the following choices would be the <u>least</u> appropriate reply to each phrase.

안녕하세요.
  a. 아니요.
  b. 안녕하세요.
  c. 만나서 반갑습니다.

만나서 반갑습니다.
  a. 네, 만나서 반갑습니다.
  b. 네, 반갑습니다.
  c. 네, 안녕히 계세요.

안녕히 가세요.
  a. 안녕히 가세요.
  b. 안녕히 계세요.
  c. 만나서 반갑습니다.

Answers: a, c, c

Select the bow or greeting that best matches each situation.

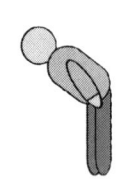

a.   b.   c.

1. Meeting someone new who is younger, in an informal situation.
2. Meeting your boss or an important client.
3. Meeting someone's pet.

Answers: (1) c. (2) a, (3) b

18

Saying Hello

Chapter 1

Practice introducing yourself to 철수 above (or a partner if you have one).

Example
안녕하세요. 저는 빌리입니다. 만나서 반갑습니다.

Write the pronunciation of the following, applying sound change rules where necessary..

한국말   한궁말   입니다   _____

반갑습니다   _____   뵙겠습니다   _____

Answers: 반갑씀니다, 임니다, 뵙께씀니다

Answer the following questions as True or False.

1. 입니다 can be used as-is after any pronoun (I, you, they, etc.).
2. 입니다 must be conjugated differently depending on the pronoun.
3. Another way to think of 입니다 is as "equals."
4. The most common way to say "Nice to meet you" is 처음 뵙겠습니다.

Answers: True, False, True, False

Track # 4

Listen to the audio track and fill in the blanks with what you hear in the conversation.

민우: _____ 하세요.

지우: _____ .

민우: 저는 민우 _____.

지우: _____ 지우입니다.

민우: _____ 반갑습니다.

지우: 네, _____ .

Answers: 안녕, 안녕하세요, 입니다, 저는, 만나서, 반갑습니다

19

Chapter 1

Saying Hello

Likes and Dislikes

Chapter 2

Read the notes about 철수 and 영희, and answer the following questions as True or False.

철수	영희
저는 영희를 좋아합니다.	저는 철수를 싫어합니다.
저는 농구를 싫어합니다.	저는 농구를 좋아합니다.
저는 축구를 싫어합니다.	저는 축구를 좋아합니다.
저는 음식을 좋아합니다.	저는 음식을 싫어합니다.
저는 시를 좋아합니다.	저는 시를 좋아합니다.

1. 철수 likes 영희.
2. 철수 likes basketball and soccer (football).
3. 철수 likes food and poetry.
4. 철수 and 영희 both dislike basketball.
5. 영희 likes 철수.
6. 영희 dislikes basketball but likes soccer (football).
7. 영희 dislikes food.
8. 철수 and 영희 both like poetry.

Answers: **(1)** True, **(2)** False, **(3)** True, **(4)** False, **(5)** False, **(6)** False, **(7)** True, **(8)** True

Complete each sentence by translating the provided English word.

Sports: 저는 _____ 를 좋아합니다.
Food: 저는 _____ 을 좋아합니다.
Music: 저는 _____ 을 싫어합니다.
Golf: 저는 _____ 를 싫어합니다.

Answers: 스포츠, 음식, 음악, 골프

Remove two words from each of the following.

1. 저는 배구를 좋아합니다. 저는 등산을 좋아합니다. 저는 수영을 싫어합니다.
2. 안녕하세요 입니다. 저는를 마이크입니다.
3. 저는 역사를 좋아하다 좋아합니다. 댄스를을 싫어합니다.
4. 만나서를 반갑습니다. 저는 안녕히 계세요.

Answers: **(1)** 저는, 저는 **(2)** 입니다, 를 **(3)** 좋아하다, 을 **(4)** 를, 저는

21

Chapter 2: Likes and Dislikes

Complete the following two dialogues using the vocabulary words in the box.

저는	미식축구	를	네

철수: 안녕하세요. _____ 테니스 ____ 좋아합니다.

영희: ____ , 안녕하세요. 저는 _____ 를 좋아합니다.

Answers: 저는, 를, 네, 미식축구

저는	을	를	안녕하세요

철수: _____ . 저는 음악 ____ 싫어합니다.

영희: _____ 하키 ____ 좋아합니다.

Answers: 안녕하세요, 을, 저는, 를

Fill in the blanks with the correct Object Marker (을 or 를).

1. 야구 ____ 좋아합니다.
2. 등산 ____ 싫어합니다.
3. 농구 ____ 사랑합니다.
4. 피구 ____ 좋아합니다.
5. 탁구 ____ 좋아합니다.
6. 축구 ____ 싫어합니다.

Answers: (1) 를, (2) 을, (3) 를, (4) 를, (5) 를, (6) 를

Write the pronunciation of the following, applying sound change rules where necessary..

축구 _____   역사 _____

탁구 _____   음악 _____

좋아합니다 _____   싫어합니다 _____

Answers: 축꾸, 탁꾸, 조아합니다, 역싸, 으막, 시러합니다

Practice introducing yourself to 철수 above (or with a partner if you have one). Say "hello," mention one or two things that you like or dislike, and include "nice to meet you."

Example

안녕하세요. 저는 빌리입니다. 등산을 좋아합니다. 배구를 싫어합니다. 만나서 반갑습니다.

_____

_____

_____

Likes and Dislikes

Chapter 2

Practice making sentences using the following words, deciding whether you like (좋아합니다) or dislike (싫어합니다) each of them.

Example
수영: 저는 수영을 좋아합니다.

골프: _____
음악: _____
하키: _____
축구: _____
미식축구: _____
등산: _____

Rearrange the words in the boxes to form complete sentences.

| 댄스 | 저는 | 좋아합니다 | 를 |

1. _____

| 사랑합니다 | 을 | 음악 | 저는 |

2. _____

| 를 | 저는 | 탁구 | 싫어합니다 |

3. _____

| 저는 | 싫어합니다 | 를 | 시 |

4. _____

Answers: (1) 저는 댄스를 좋아합니다. (2) 저는 음악을 사랑합니다. (3) 저는 탁구를 싫어합니다. (4) 저는 시를 싫어합니다.

Track # 5

Listen to the audio track and write down what you hear, then translate it.

_____

Answers: 안녕하세요. 저는 제니퍼입니다. 댄스를 좋아합니다. 스포츠를 싫어합니다. Hello. I am Jennifer. I like dance. I dislike sports.

23

Chapter 2 : Likes and Dislikes

Create five unique three-syllable Korean names using the following first and last names.

김 철 수
Last Name / First Name

Last Name	First Name
김	보라
이	경화
최	경은
손	소현
박	주연
진	석진
선	현우

Example
선경화

1. _____
2. _____
3. _____
4. _____
5. _____

Simple Sentences

Chapter 3

❓ *Complete the following dialogue using the vocabulary words in the box.*

을	덜	저는	삼겹살	좋아합니다

철수: _____ 고양이를 _____ .

영희: 저는 _____ 을 더 좋아합니다.

철수: 저는 책 _____ _____ 좋아합니다.

Answers: 저는, 좋아합니다, 삼겹살, 을, 덜

❓ *Complete each sentence by translating the provided English word.*

Movies: 저는 _____ 를 좋아합니다.
Books: 저는 _____ 을 좋아합니다.
Kimchi: 저는 _____ 를 좋아합니다.

Answers: 영화, 책, 김치

❓ *Rearrange the words in the boxes to form complete sentences.*

원숭이	저는	싫어합니다	를

1. _____

싫어합니다	더	를	고양이

2. _____

를	싫어합니다	개	덜

3. _____

Answers: **(1)** 저는 원숭이를 싫어합니다. **(2)** 고양이를 더 싫어합니다. **(3)** 개를 덜 싫어합니다.

❓ *Write the pronunciation of the following, applying sound change rules where necessary..*

사전입니다 _____ 사랑합니다 _____

작가 _____ 삼겹살 _____

Answers: 사저닙니다, 작까, 사랑함니다, 삼겹쌀

❓ *Answer the following questions as True or False.*

1. 들 must always be attached when translating an English *plural noun* into Korean.
2. Korean does not use articles, such as "a," "an," and "the."
3. 저는 does not need to be used in every sentence when translating "I" or "me."
4. Korean is a S.V.O. (Subject Verb Object) language, just like English.

Answers: False, True, True, False

25

Chapter 3: Simple Sentences

Read the conversation, and answer the following questions as True or False.

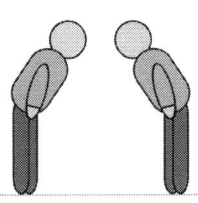

병문:	안녕하세요. 처음 뵙겠습니다. 저는 야구를 좋아합니다. 농구를 더 좋아합니다.
지민:	안녕하세요. 반갑습니다. 저는 야구를 싫어합니다. 농구를 덜 싫어합니다.
병문:	저는 고양이를 좋아합니다. 개를 더 좋아합니다.
지민:	저는 고양이를 사랑합니다. 개를 더 사랑합니다.
병문:	저는 역사를 좋아합니다. 스포츠를 사랑합니다.
지민:	저는 스포츠를 싫어합니다. 음악을 사랑합니다.
병문:	안녕히 계세요.
지민:	네, 안녕히 가세요.

1. 병문 and 지민 are meeting for the first time.
2. 병문 and 지민 both like sports.
3. 병문 and 지민 both like baseball.
4. 병문 likes history while 지민 likes music.
5. 병문 and 지민 both like dogs more than cats.
6. At the end, 병문 will leave while 지민 will stay.

Answers: True, False, False, True, True, True

Rewrite the following sentences, adding the adverb 더 ("more") or 덜 ("less").

1. 저는 김치를 좋아합니다.

___

2. 저는 제시카를 사랑합니다.

___

3. 저는 고양이를 싫어합니다.

___

4. 저는 삼겹살을 좋아합니다.

___

Answers: (1) 저는 김치를 더/덜 좋아합니다. (2) 저는 제시카를 더/덜 사랑합니다. (3) 저는 고양이를 더/덜 싫어합니다. (4) 저는 삼겹살을 더/덜 좋아합니다.

Simple Sentences

Chapter 3

Translate the following sentences to Korean.

1. I like movies more.

2. I like music less.

3. I love monkeys.

4. I like dogs. I like cats more.

Answers: **(1)** 저는 영화를 더 좋아합니다. **(2)** 저는 음악을 덜 좋아합니다. **(3)** 저는 원숭이를 사랑합니다. **(4)** 저는 개를 좋아합니다. 고양이를 더 좋아합니다.

Translate the following sentences to English.

1. 저는 작가입니다.

2. 저는 전자 사전을 좋아합니다.

3. 저는 벌레를 더 싫어합니다.

4. 저는 거미를 덜 싫어합니다.

Answers: **(1)** I am an author. **(2)** I like electronic dictionaries. **(3)** I dislike bugs more. **(4)** I dislike spiders less.

Chapter 3

Simple Sentences

Track # 6

Listen to the audio track and write down what you hear, then translate it.

___

___

Answers: 저는 개를 좋아합니다. 고양이를 덜 좋아합니다. 원숭이를 더 좋아합니다. I like dogs. I like cats less. I like monkeys more.

Wanting and Not Wanting

Chapter 4

❓ Complete the following dialogues using the words in the boxes.

| 더 | 김치 | 원합니다 | 만 | 먹고 |

지민: 저는 김치를 _____ .
남준: 저도 김치를 원합니다. 하지만 삼겹살을 ____ ____ 싶습니다.
지민: 저는 ____ ____ 원합니다.

Answers: 원합니다, 더, 먹고, 김치, 만

| 싶습니다 | 하지만 | 하고 | 축구 | 저만 | 를 |

석진: 저는 축구를 하고 싶습니다. 농구도 ____ _____ .
태형: 저도 ____ ____ 하고 싶습니다. _____ 농구를 하고 싶지 않습니다.
석진: _____ 농구를 하고 싶습니다.

Answers: 하고, 싶습니다, 축구, 를, 하지만, 저만

❓ Write the verb stem for each of the following verbs.

하다 ____
죽다 ____
벌다 ____
태어나다 ____

Answers: 하, 죽, 벌, 태어나

❓ Read the paragraph about Thomas (토마스), and answer the following questions as True or False.

안녕하세요. 저는 토마스입니다. 저는 토마토를 좋아합니다. 레몬도 좋아합니다. 포도를 덜 좋아합니다. 저는 고양이를 사랑합니다. 하지만 개를 싫어합니다. 저는 배를 원합니다. 자동차도 원합니다. 자동차를 주세요. 배도 주세요.

1. 토마스 likes tomatoes, lemons, and grapes.
2. 토마스 loves dogs, but not cats.
3. 토마스 wants a car, but not a boat.
4. 토마스 is asking for both a car and a boat.

Answers: True, False, False, True

Chapter 4: Wanting and Not Wanting

Rearrange the words in the boxes to form complete sentences.

| 않습니다 | 저도 | 죽고 | 싶지 |

1. _____

| 저는 | 싶습니다 | 먹고 | 과일을 |

2. _____

| 일을 | 저는 | 원합니다 |

3. _____

| 농구를 | 저는 | 하고 | 싶습니다 |

4. _____

| 원합니다 | 고양이 | 를 | 저는 |

5. _____

| 돈을 | 싶습니다 | 벌고 |

6. _____

| 하지만 | 스포츠를 | 싶지 | 하고 | 않습니다 |

7. _____

| 않습니다 | 하고 | 게임도 | 싶지 |

8. _____

Answers: **(1)** 저도 죽고 싶지 않습니다. **(2)** 저는 과일을 먹고 싶습니다. **(3)** 저는 일을 원합니다. **(4)** 저는 농구를 하고 싶습니다. **(5)** 저는 고양이를 원합니다. **(6)** 돈을 벌고 싶습니다. **(7)** 하지만 스포츠를 하고 싶지 않습니다. **(8)** 게임도 하고 싶지 않습니다.

Practice asking for the following items using 주세요 ("Please give me…").

책: 1. _____

차: 2. _____

연필: 3. _____

과일: 4. _____

참치: 5. _____

Answers: **(1)** 책을 주세요. **(2)** 차를 주세요. **(3)** 연필을 주세요. **(4)** 과일을 주세요. **(5)** 참치를 주세요.

Wanting and Not Wanting

Choose the correct ending for each sentence.

1. 저는 돈을... a. 하고 싶습니다 b. 원합니다
2. 저는 채소를... a. 하고 싶습니다 b. 먹고 싶습니다
3. 저는 오렌지를... a. 하고 싶습니다 b. 원합니다
4. 저는 웃고... a. 하고 싶습니다 b. 싶습니다
5. 저는 야구를... a. 하고 싶습니다 b. 싶습니다
6. 저는 힌트를... a. 하고 싶습니다 b. 원합니다
7. 저는 수영을... a. 하고 싶습니다 b. 원합니다
8. 저는 연필을... a. 하고 싶습니다 b. 원합니다

Answers: (1) b, (2) b, (3) b, (4) b, (5) a, (6) b, (7) a, (8) b

Translate the following sentences to Korean.

1. I want food.

2. I want to eat food.

3. I don't want to eat a banana.

4. I don't want a car.

5. I don't want to get a car.

6. I want to eat only vegetables.

7. I also want to eat tuna.

8. I also want to eat only tuna.

Chapter 4

Wanting and Not Wanting

Answers: **(1)** 저는 음식을 원합니다. **(2)** 저는 음식을 먹고 싶습니다. **(3)** 저는 바나나를 먹고 싶지 않습니다. **(4)** 저는 자동차를 원하지 않습니다. **(5)** 저는 자동차를 받고 싶지 않습니다. **(6)** 저는 채소만 먹고 싶습니다. **(7)** 저도 참치를 먹고 싶습니다. **(8)** 저도 참치만 먹고 싶습니다.

Translate the following sentences to English.

1. 저는 돈을 받고 싶습니다.

   _____

2. 저는 돈을 원하지 않습니다.

   _____

3. 저는 돈도 벌고 싶습니다.

   _____

4. 저는 게임만 원합니다.

   _____

5. 저는 게임을 하고 싶지 않습니다.

   _____

6. 저는 아이스크림만 먹고 싶지 않습니다.

   _____

7. 저만 김치를 먹고 싶습니다.

   _____

8. 저만 핸드폰을 받고 싶지 않습니다.

   _____

Answers: **(1)** I want to get money. **(2)** I don't want money. **(3)** I want to earn money too. **(4)** I only want games. **(5)** I don't want to play games. **(6)** I don't want to eat only ice cream. **(7)** Only I want to eat kimchi. **(8)** Only I don't want to get a cell phone.

Complete each sentence by translating the provided English word.

Ice Cream:　　저는 _____ 을 원합니다.
To Eat:　　　저는 _____ 고 싶습니다.
Love:　　　　저는 _____ 을 원하지 않습니다.

Answers: 아이스크림, 먹, 사랑

Wanting and Not Wanting

Chapter 4

Connect each of the following two sentences using 하지만 ("but," "however"), then translate it.

1. 저는 수영을 좋아합니다. 저는 야구도 하고 싶습니다.

2. 저는 일하고 싶지 않습니다. 저는 울고 싶지 않습니다.

3. 저는 돈을 벌고 싶습니다. 저는 일하고 싶지 않습니다.

4. 저는 일을 하고 싶지 않습니다. 저는 돈도 벌고 싶습니다.

5. 저는 아이스크림을 먹고 싶습니다. 저는 채소도 먹고 싶습니다.

Answers: **(1)** 저는 수영을 좋아합니다. 하지만 야구도 하고 싶습니다. I like swimming. But I want to play baseball too. **(2)** 저는 일하고 싶지 않습니다. 하지만 저는 울고 싶지 않습니다. I don't want to work. But I don't want to cry. **(3)** 저는 돈을 벌고 싶습니다. 하지만 일하고 싶지 않습니다. I want to earn money. But I don't want to work. **(4)** 저는 일을 하고 싶지 않습니다. 하지만 돈도 벌고 싶습니다. I don't want to work. But I want to earn money too. **(5)** 저는 아이스크림을 먹고 싶습니다. 하지만 채소도 먹고 싶습니다. I want to eat ice cream. But I want to eat vegetables too.

Chapter 4

Wanting and Not Wanting

Re-write the following sentences, adding 도 ("also," "even," "too").

1. 저는 토마토를 좋아합니다.

   _____

2. 저는 아이스크림을 먹고 싶습니다.

   _____

3. 저는 울고 싶지 않습니다.

   _____

4. 저는 아르바이트를 원하지 않습니다.

   _____

5. 저는 고양이를 원하지 않습니다.

   _____

6. 저는 자동차를 받고 싶습니다.

   _____

7. 저는 웃고 싶습니다.

   _____

Answers: **(1)** 저도 토마토를 좋아합니다. Or, 저는 토마토도 좋아합니다. **(2)** 저도 아이스크림을 먹고 싶습니다. Or, 저는 아이스크림도 먹고 싶습니다. **(3)** 저도 울고 싶지 않습니다. **(4)** 저도 아르바이트를 원하지 않습니다. Or, 저는 아르바이트도 원하지 않습니다. **(5)** 저도 고양이를 원하지 않습니다. Or, 저는 고양이도 원하지 않습니다. **(6)** 저도 자동차를 받고 싶습니다. Or, 저는 자동차도 받고 싶습니다. **(7)** 저도 웃고 싶습니다.

Re-write the following sentences, adding 만 ("only").

1. 저는 알바를 원합니다.

   _____

2. 저는 김치를 먹고 싶습니다.

   _____

3. 저는 사랑을 원합니다.

   _____

Wanting and Not Wanting

Chapter 4

4. 저는 핸드폰을 받고 싶습니다.

___

5. 저는 일을 하고 싶습니다.

___

Answers: **(1)** 저만 알바를 원합니다. Or, 저는 알바만 원합니다. **(2)** 저만 김치를 먹고 싶습니다. Or, 저는 김치만 먹고 싶습니다. **(3)** 저만 사랑을 원합니다. Or, 저는 사랑만 원합니다. **(4)** 저만 핸드폰을 받고 싶습니다. Or, 저는 핸드폰만 받고 싶습니다. **(5)** 저만 일을 하고 싶습니다. Or, 저는 일만 하고 싶습니다.

Track # 7

Listen to the audio track and write down what you hear, then translate it.

___

___

___

Answers: 저는 돈을 벌고 싶습니다. 하지만 일하고 싶지 않습니다. 돈만 원합니다. I want to earn money. But I don't want to work. I only want money.

Chapter 4: Wanting and Not Wanting

Verbs

Chapter 5

Create sentences using the given words in order, adding particles and conjugating where necessary. There may be multiple possible answers.

Example

저 + 사무실 + 가다 → 저는 사무실에 갑니다.

| 저 | 놀다 |

1. _____

| 저 | 핸드폰 | 원하다 |

2. _____

| 저 | 도시 | 살다 |

3. _____

| 저 | 일 | 덜 | 하다 |

4. _____

| 저 | 돈 | 더 | 벌다 | 고 싶습니다 |

5. _____

| 저 | 만 | 치즈 | 받다 |

6. _____

| 저 | 도 | 게임 | 하다 |

7. _____

| 저 | 학교 | 가다 | 고 싶습니다 |

8. _____

Answers: (1) 저는 놉니다. (2) 저는 핸드폰을 원합니다. (3) 저는 도시에 삽니다. (4) 저는 일을 덜 합니다. (5) 저는 돈을 더 벌고 싶습니다. (6) 저만 치즈를 받습니다. (7) 저도 게임을 합니다. (8) 저는 학교에 가고 싶습니다.

Complete each sentence by translating the provided English word.

Play (performance): 저도 _____ 을 좋아합니다.
Hometown: 저는 _____ 에 살고 싶지 않습니다.
Swimming Pool: 저만 _____ 에 가고 싶습니다.

Answers: 연극, 고향, 수영장

Chapter 5

Verbs

Match each of the items in the left column with its most appropriate ending in the right column.

은행에 •	• 합니다
공부를 •	• 좋아합니다
돈을 •	• 갑니다
카페를 •	• 먹습니다
집에 •	• 법니다
치즈를 •	• 삽니다

Answers: 은행에 갑니다, 공부를 합니다, 돈을 법니다, 카페를 좋아합니다, 집에 삽니다, 치즈를 먹습니다

Complete the dialogue using the vocabulary words in the box.

하지만	해변	씨	게임	를	수영

수영: 희진 ____ , 안녕하세요.

희진: _____ 씨, 안녕하세요.

수영: 저는 _____ 에 갑니다.

희진: 저는 _____ 을 합니다. 해변에 가고 싶지 않습니다. 바다를 싫어합니다.

수영: 저는 바다를 사랑합니다. _____ 도시 ____ 싫어합니다.

Answers: 씨, 수영, 해변, 게임, 하지만, 를

Rearrange the words in the boxes to form complete sentences.

저만	합니다	일을

1. _____

저도	갑니다	병원에

2. _____

저는	하지만	살고 싶습니다	바닷가에

3. _____

좋아합니다	저는	박물관을

4. _____

Answers: (1) 저만 일을 합니다. (2) 저도 병원에 갑니다. (3) 하지만 저는 바닷가에 살고 싶습니다. (4) 저는 박물관을 좋아합니다.

Verbs

Conjugate the following verbs in the present tense using the 니다 form.

원하다 _____
책을 공부하다 _____
먹다 _____
살다 _____
죽다 _____
슈퍼에 가다 _____
공부를 미워하다 _____
보라 씨를 사랑하다 _____

Answers: 원합니다, 책을 공부합니다, 먹습니다, 삽니다, 죽습니다, 슈퍼에 갑니다, 공부를 미워합니다, 보라 씨를 사랑합니다.

Choose whether to use either the Object Marker (을 or 를) or the particle 에 ("to," "at," "in") for each sentence, then translate it.

1. 저는 김치 ____ 먹습니다.

   _____

2. 저는 도서관 ____ 가고 싶지 않습니다.

   _____

3. 저는 치과 ____ 가고 싶습니다.

   _____

4. 저는 바닷가 ____ 좋아합니다.

   _____

5. 저는 집 ____ 옵니다.

   _____

6. 저는 역할 ____ 원합니다.

   _____

7. 집 주소 ____ 주세요.

   _____

8. 저는 집 ____ 가고 싶습니다.

   _____

Chapter 5

Verbs

Answers: **(1)** 를, I eat kimchi. **(2)** 에, I don't want to go to the library. **(3)** 에, I want to go to the dentist. **(4)** 를, I like the beach **(5)** 에, I come home. **(6)** 을, I want an acting role. **(7)** 를, Please give me the home address. **(8)** 에, I want to go home.

Match each sentence to the most appropriate drawing, then translate it..

a.   b.    c.    d.

1. 저는 고양이를 미워합니다.

2. 저는 바닷가에 가고 싶습니다. 하지만 돈을 벌고 싶습니다.

3. 저는 은행에 갑니다. 환전하고 싶습니다.

4. 저는 공부합니다.

Answers: **(1)** (c) I hate cats. **(2)** (d) I want to go to the beach. But I want to make money. **(3)** (b) I'll go to the bank. I want to exchange money. **(4)** (a) I'll study.

Translate the following sentences to Korean.

1. I go to school.

2. I want to go to the hospital.

3. I don't want to go to the supermarket.

4. I come to the city.

Verbs

5. I want to play.

_____

6. I live in the library.

_____

Answers: **(1)** 저는 학교에 갑니다. **(2)** 저는 병원에 가고 싶습니다. **(3)** 저는 슈퍼(마켓)에 가고 싶지 않습니다. **(4)** 저는 도시에 옵니다. **(5)** 저는 놀고 싶습니다. **(6)** 저는 도서관에 삽니다.

Translate the following sentences to English.

1. 저도 학교에 갑니다.

_____

2. 수영장에 가고 싶습니다.

_____

3. 저는 도서관에 가고 싶습니다. 주소를 주세요.

_____

4. 저도 사무실에 가고 싶지 않습니다.

_____

5. 도서관에 갑니다. 공부하고 싶습니다.

_____

6. 저는 슈퍼에 가고 싶습니다. 하지만 일도 하고 싶습니다.

_____

Answers: **(1)** I also go to school. **(2)** I want to go to the swimming pool. **(3)** I want to go to the library. Please give me the address. **(4)** I also don't want to go to the office. **(5)** I'll go to the library. I want to study. **(6)** I want to go to the supermarket. But I want to work too.

Write the pronunciation of the following, applying sound change rules where necessary..

학교   _____   역할   _____

박물관   _____   원합니다   _____

바닷가   _____   갑니다   _____

Answers: 학꾜, 방물관, 바다까, 여칼, 원함니다, 감니다

Chapter 5

Verbs

Track # 8

Listen to the audio track and write down what you hear, then translate it.

_____

_____

_____

Answers: 저는 공부를 합니다. 하지만 영화관에 가고 싶습니다. 놀고 싶습니다. 게임도 하고 싶습니다. I study. But I want to go to the movie theater. I want to play. I want to play games too.

More Verbs

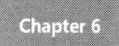

Chapter 6

Create sentences using the given words in order, adding particles and conjugating where necessary. There may be multiple possible answers.

Example

저 + 한국 + 집 + 있다 → 저는 한국에 집이 있습니다.

저	여자 친구	있다

1. _____

외국어	책	있다

2. _____

저	중국 사람	이다

3. _____

거짓말	이다	지만	우유	좋아하다

4. _____

강	귀신	있다

5. _____

저	환자	이다	지만	병원	싫어하다

6. _____

Answers: (1) 저는 여자 친구가 있습니다. (2) 외국어 책이 있습니다. (3) 저는 중국 사람입니다. (4) 거짓말이지만 우유를 좋아합니다. (5) 강에 귀신이 있습니다. (6) 저는 환자지만 병원을 싫어합니다.

Match each of the items in the left column with its most appropriate ending in the right column.

남자 •　　　　　　　　• 키웁니다

차이가 •　　　　　　　• 말합니다

개를 •　　　　　　　　• 있습니다

프랑스어를 •　　　　　• 말

고백을 •　　　　　　　• 하고 싶습니다

한국 •　　　　　　　　• 입니다

Answers: 남자입니다, 차이가 있습니다, 개를 키웁니다, 프랑스어를 말합니다, 고백을 하고 싶습니다, 한국말

Chapter 6

More Verbs

Complete each sentence by translating the provided English word.

News: 저는 _____ 를 봅니다.
Europe: 저는 지금 _____ 에 갑니다.
To Believe: 하지만 저는 ____ 습니다.
To Close: 저는 이제 수영장을 ____ 습니다.

Answers: 뉴스, 유럽, 믿, 닫

Rearrange the words in the boxes to form complete sentences.

| 고양이를 | 지금 | 저는 | 키웁니다 |

1. _____

| 한국 사람 | 김철수 씨 | 도 | 입니다 |

2. _____

| 이지만 | 일본 사람 | 영어도 | 말합니다 |

3. _____

| 입니다 | 저는 | 한국인 | 이제 |

4. _____

| 떨어뜨립니다 | 물에 | 사이다를 |

5. _____

| 집에 | 티비가 | 저는 | 있습니다 |

6. _____

| 아파트에 | 옵니다 | 남자 친구 | 가 |

7. _____

| 호수에 | 그림이 | 떨어집니다 |

8. _____

Answers: **(1)** 저는 지금 고양이를 키웁니다. Or, 지금 저는 고양이를 키웁니다. **(2)** 김철수 씨도 한국 사람입니다. **(3)** 일본 사람이지만 영어도 말합니다. **(4)** 저는 이제 한국인입니다. Or, 이제 저는 한국인입니다. **(5)** 사이다를 물에 떨어뜨립니다. Or, 물에 사이다를 떨어뜨립니다. **(6)** 저는 집에 티비가 있습니다. **(7)** 아파트에 남자 친구가 옵니다. Or, 남자 친구가 아파트에 옵니다. **(8)** 호수에 그림이 떨어집니다. Or, 그림이 호수에 떨어집니다.

More Verbs

Chapter 6

Fill in the blanks with the correct Subject Marker (이 or 가).

1. 여자 ____
2. 사람 ____
3. 친구 ____
4. 사진 ____

5. 부분 ____
6. 의미 ____
7. 방송 ____
8. 진실 ____

Answers: (1) 가, (2) 이, (3) 가, (4) 이, (5) 이, (6) 가, (7) 이, (8) 이

Un-conjugate the following conjugated verbs.

거짓말합니다	_____	받습니다	_____
읽습니다	_____	그립니다	_____
먹습니다	_____	진실을 말합니다	_____
듣습니다	_____	입니다	_____
엽니다	_____	마십니다	_____

Answers: 거짓말(을) 하다, 읽다, 먹다, 듣다, 열다, 받다, 그리다, 진실(을) 말하다, 이다, 마시다

Connect each of the following two sentences using the verb ending 지만 ("but," "however"), then translate it.

1. 저는 놀고 싶습니다. 저는 돈을 벌고 싶습니다.

_____

_____

2. 저는 영국 사람입니다. 저는 김치를 만듭니다.

_____

_____

3. 저는 미국에 삽니다. 저는 독일에 가고 싶습니다.

_____

_____

4. 저는 개를 더 좋아합니다. 저는 고양이를 키웁니다.

_____

_____

Chapter 6

More Verbs

5. 저는 신을 믿습니다. 저는 괴물도 믿습니다.

_____

6. 저는 미국 사람입니다. 저는 스페인어를 공부합니다.

_____

7. 저는 한국말을 더 공부하고 싶습니다. 저는 이제 독일에 도착합니다.

_____

Answers: (1) 저는 놀고 싶지만 돈을 벌고 싶습니다. I want to play, but I want to earn money. (2) 저는 영국 사람이지만 김치를 만듭니다. I'm English, but I make kimchi. (3) 저는 미국에 살지만 독일에 가고 싶습니다. I live in America, but I want to go to Germany. (4) 저는 개를 더 좋아하지만 고양이를 키웁니다. I like dogs more, but I have a cat. (5) 저는 신을 믿지만 괴물도 믿습니다. I believe in a god, but also I believe monsters. (6) 저는 미국 사람이지만 스페인어를 공부합니다. I am American, but I study Spanish. (7) 저는 한국말을 더 공부하고 싶지만 이제 독일에 도착합니다. I want to study Korean more, but now I'm arriving in Germany.

Choose whether to use 입니다 or 있습니다 for each of the following sentences.

1. 저는 독일 사람 _____ .
2. 저는 한국에 정원이 _____ .
3. 일본에 일본인이 _____ .
4. 영희 씨는 미국 사람 _____ .
5. 저는 영국에 _____ .
6. 저는 펜이 _____ .
7. 저도 인간 _____ .
8. 마이크 씨도 미국인 _____ .
9. 집에 지도가 _____ .
10. 중국에도 섬이 _____ .

Answers: (1) 입니다, (2) 있습니다, (3) 있습니다, (4) 입니다, (5) 있습니다, (6) 있습니다, (7) 입니다, (8) 입니다, (9) 있습니다, (10) 있습니다

More Verbs

Chapter 6

Translate the following sentences to Korean using the verb 있다 ("to exist").

1. I have a television.

2. I have a house in a foreign country.

3. I have a boyfriend.

4. I have a camera at home.

5. I have an apartment in North Korea.

6. I have an opinion too.

   Answers: **(1)** 저는 텔레비전이 있습니다. Or, 저는 티비가 있습니다. **(2)** 저는 외국에 집이 있습니다. **(3)** 저는 남자 친구가 있습니다. **(4)** 저는 집에 카메라가 있습니다. **(5)** 저는 북한에 아파트가 있습니다. **(6)** 저도 의견이 있습니다. Or, 저는 의견도 있습니다.

Translate the following sentences to English.

1. 저도 그림을 그리고 싶습니다.

2. 저는 여자 친구가 있습니다.

3. 저는 중국말도 말합니다.

4. 저는 한국에 친구가 있습니다.

5. 저도 지금 신문을 읽습니다.

Chapter 6 — More Verbs

6. 저는 고양이도 키웁니다.

7. 중국 사람들도 사진을 찍습니다.

8. 일본말을 좋아하지만 지금 독일어를 공부합니다.

9. 저는 지금 중국에 있습니다.

10. 저는 물만 마시고 싶습니다.

Answers: (1) I also want to draw (a drawing). (2) I have a girlfriend. (3) I speak Chinese too. (4) I have a friend in Korea. (5) I'm also reading the newspaper now. (6) I also have a cat. (7) Chinese people also take photos. (8) I like Japanese but now I'm studying German. (9) I am in China now. (10) I only want to drink water.

Rewrite each sentence, adding the particle 에 ("to," "at," "in") where necessary.

1. 저는 이제 병원 갑니다.

2. 저는 한국 가고 싶습니다.

3. 저는 집 돈이 있습니다.

4. 지금 일본 가고 싶습니다.

5. 한국 중국 사람도 있습니다.

6. 슈퍼마켓 사이다도 있습니다.

More Verbs

Chapter 6

Answers: (1) 저는 이제 병원에 갑니다. (2) 저는 한국에 가고 싶습니다. (3) 저는 집에 돈이 있습니다. (4) 지금 일본에 가고 싶습니다. (5) 한국에 중국 사람도 있습니다. (6) 슈퍼마켓에 사이다도 있습니다.

Match each sentence to the most appropriate drawing, then translate it..

a.   b.    c.    d.

e.    f.    g.    h.

1. 섬에 집이 있습니다.

2. 집에 정원도 있습니다.

3. 호수가 있습니다.

4. 저는 사진을 찍습니다.

5. 텔레비전에 괴물이 있습니다.

6. 저는 신문을 읽습니다.

7. 지금 출발하고 싶습니다.

Chapter 6

More Verbs

8. 저는 그림을 그리고 싶습니다.

Answers: **(1)** (f) There is a house on the island. **(2)** (c) There is also a garden at the house. **(3)** (d) There is a lake. **(4)** (b) I take a photo. **(5)** (e) There is a monster in the television. **(6)** (a) I read the newspaper. **(7)** (h) I want to depart now. **(8)** (g) I want to draw a drawing.

Write the pronunciation of the following, applying sound change rules where necessary..

북한	_____	찍다	_____
봅니다	_____	일본인	_____
외국어	_____	독일어	_____
중국말	_____	성격	_____

Answers: 부칸, 봄니다, 외구거, 중궁말, 찍따, 일보닌, 도기러, 성격

Track # 9

Listen to the audio track and write down what you hear, then translate it.

_____

_____

Answers: 저는 독일 사람입니다. 지금 한국에 도착합니다. 지도가 있습니다. 카메라도 있습니다. 저는 이제 한국말을 더 공부합니다. I'm German. Now I arrive in Korea. I have a map. I have a camera too. Now I'll study Korean more.

Asking Questions

Chapter 7

Rearrange the words in the boxes to form complete sentences.

공부	무엇을	요즘	합니까

1. _____

초밥을	먹고	지금	싶습니까

2. _____

선생님을	학생과	저는	그립니다

3. _____

있습니다	집에	포크가	그릇과	저는

4. _____

저는	미국과	한국 사람	영국에	이지만	집이	있습니다

5. _____

네	선생님은요	지금	집에	저는	갑니다

6. _____

Answers: (1) 요즘 무엇을 공부합니까? (2) 지금 초밥을 먹고 싶습니까? (3) 저는 학생과 선생님을 그립니다. (4) 저는 집에 그릇과 포크가 있습니다. (5) 저는 한국 사람이지만 미국과 영국에 집이 있습니다. (6) 네, 저는 지금 집에 갑니다. 선생님은요? Or, 네, 지금 저는 집에 갑니다. 선생님은요?

Complete the following dialogue using the vocabulary words in the box.

무엇을	저	지내세요	지금	과학과 수학	아	지리는	선생님	헉

철수: 김 _____ , 안녕하세요.

영희: ____ , 박 선생님 안녕하세요. 잘 _____ ?

철수: 네. 김 선생님은 요즘 _____ 공부합니까?

영희: 저는 _____ 을 공부합니다.

철수: ____ ... _____ 요?

영희: 저는 지리를 싫어합니다.

철수: ____ , 김 선생님도 싫어합니까? 저도 싫어하지만 _____ 공부합니다.

영희: 네, 정말 싫어합니다.

Answers: 선생님, 아, 지내세요, 무엇을, 과학과 수학, 저, 지리는, 헉, 지금

Chapter 7: Asking Questions

Fill in the blanks with "and" (과 or 와).

1. 선생님 ____ 학생
2. 철수 씨 ____ 영희 씨
3. 햄버거 ____ 소시지
4. 미술 ____ 역사
5. 파스타 ____ 스테이크
6. 양파 ____ 감자
7. 회 ____ 초밥
8. 풀 ____ 가위
9. 시험 ____ 결과
10. 피자 ____ 콜라

Answers: (1) 과, (2) 와, (3) 와, (4) 과, (5) 와, (6) 와, (7) 와, (8) 과, (9) 과, (10) 와

Complete each sentence by translating the provided English word.

Ah: _____ , 숙제를 합니까?
My gosh: _____ , 정말입니까?
Haha: _____ , 선생님을 믿습니까?

Answers: 아, 헉, 하하

Conjugate the following verbs as questions using the 니까 form.

받다	_____ ?
눕다	_____ ?
치다	_____ ?
살다	_____ ?
싸우다	_____ ?
이기다	_____ ?
지다	_____ ?
앉다	_____ ?
차다	_____ ?
춤(을) 추다	_____ ?

Answers: 받습니까, 눕습니까, 칩니까, 삽니까, 싸웁니까, 이깁니까, 집니까, 앉습니까, 찹니까, 춤(을) 춥니까

Practice asking and answering the following questions to 철수 above (or with a partner if you have one). Begin your replies by saying 네 ("yes"), and then repeating the sentence affirmatively.

Example

김치를 좋아하다 → 김치를 좋아합니까? 네, 김치를 좋아합니다.

Asking Questions

Chapter 7

1. 선생님이다

Q: _____

A: _____

2. 책을 읽다

Q: _____

A: _____

3. 피자와 콜라를 먹다

Q: _____

A: _____

4. 요즘 꿈을 꾸다

Q: _____

A: _____

5. 김 선생님을 기다리다

Q: _____

A: _____

6. 한국어를 배우다

Q: _____

A: _____

Answers: **(1)** 선생님입니까? 네, 선생님입니다. **(2)** 책을 읽습니까? 네, 책을 읽습니다. **(3)** 피자와 콜라를 먹습니까? 네, 피자와 콜라를 먹습니다. **(4)** 요즘 꿈을 꿉니까? 네, 요즘 꿈을 꿉니다. **(5)** 김 선생님을 기다립니까? 네, 김 선생님을 기다립니다. **(6)** 한국어를 배웁니까? 네, 한국어를 배웁니다.

Write the pronunciation of the following, applying sound change rules where necessary..

배웁니까? _____   앉다 _____

숙제 _____   젓가락 _____

힘이 있습니다 _____   학생 _____

Answers: 배움니까, 숙쩨, 히미 이씀니다, 안따, 저까락, 학쌩

Chapter 7: Asking Questions

Practice answering the following questions in Korean, using any nouns that you can.

Example

무엇을 공부합니까? → 저는 한국말을 공부합니다.

무엇을 좋아합니까?

___

무엇을 싫어합니까?

___

무엇이 있습니까?

___

무엇을 먹고 싶습니까?

___

무엇을 원합니까?

___

무엇을 기다립니까?

___

무엇을 배웁니까?

___

무엇을 만듭니까?

___

무엇을 잘 그립니까?

___

무엇을 봅니까?

___

Asking Questions

Chapter 7

Create sentences using the given words in order, adding particles and conjugating where necessary. There may be multiple possible answers.

저	돈	있다

1. _____

저는	개	고양이	좋아하다

2. _____

저는	피자	아이스크림	먹고 싶다

3. _____

저는	놀고 싶다	지만	숙제	있다

4. _____

저는	정말	학교	가고 싶지 않다

5. _____

저는	지금	한국말	가르치다

6. _____

영희 씨도	요즘	지리 시험	공부	하다

7. _____

저는	정말로	파	먹고 싶다

8. _____

Answers: **(1)** 저는 돈이 있습니다. **(2)** 저는 개와 고양이를 좋아합니다. **(3)** 저는 피자와 아이스크림을 먹고 싶습니다. **(4)** 저는 놀고 싶지만 숙제가 있습니다. **(5)** 저는 정말 학교에 가고 싶지 않습니다. **(6)** 저는 지금 한국말을 가르칩니다. **(7)** 영희 씨도 요즘 지리 시험 공부를 합니다. Or, 영희 씨도 요즘 지리 시험을 공부합니다. **(8)** 저는 정말로 파를 먹고 싶습니다.

Translate the following sentences to Korean.

1. Hm… I want to eat a sausage and a hamburger.

_____

2. I want a seat. I don't want to stand.

_____

Chapter 7

Asking Questions

3. I don't want to teach English.

4. I want to go to France and England.

5. Do you teach art?

6. I have a dream. I want to go to Korea and Japan.

7. What do you want to make?

8. I want to learn Korean well.

Answers: **(1)** 음...저는 소시지와 햄버거를 먹고 싶습니다. **(2)** 저는 자리를 원합니다. 서고 싶지 않습니다. **(3)** 영어를 가르치고 싶지 않습니다. **(4)** 저는 프랑스와 영국에 가고 싶습니다. **(5)** 미술을 가르칩니까? **(6)** 저는 꿈이 있습니다. 한국과 일본에 가고 싶습니다. **(7)** 무엇을 만들고 싶습니까? **(8)** 저는 한국말을 잘 배우고 싶습니다.

Translate the following sentences to English.

1. 젓가락을 더 좋아합니까? 포크를 더 좋아합니까?

2. 잘 지내세요?

3. 저는 동물을 좋아합니다. 돼지와 원숭이도 좋아합니다.

4. 저는 철수 씨를 싫어합니다. 소개하고 싶지 않습니다.

5. 안녕히 주무세요. 돼지꿈 꾸세요!

Asking Questions

Chapter 7

6. 저는 요즘 숙제만 합니다.

7. 저만 철수 씨와 영희 씨를 좋아합니다.

8. 휴... 저는 더 기다리고 싶지 않습니다.

Answers: **(1)** Do you like chopsticks more? Do you like a fork more? **(2)** Are you doing well? **(3)** I like animals. I like pigs and monkeys too. **(4)** I dislike Chul-soo. I don't want to introduce (him). **(5)** Goodnight. Dream of pigs! **(6)** I only do homework these days. **(7)** Only I like Chul-soo and Yung-hee. **(8)** Phew. I don't want to wait more.

Match each sentence to the most appropriate drawing, then translate it..

a.　　　　　b. 　　　　　c. 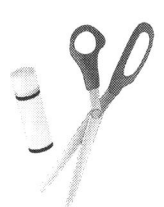　　　　　d.

1. 저는 양파를 싫어하지만 감자와 파를 좋아합니다.

2. 가위와 풀이 있습니까? 그... 풀 주세요.

3. 저는 김철수 씨를 소개하고 싶습니다.

4. 마크 씨는요? 앉고 싶습니까?

Answers: **(1)** (d) I dislike onions, but I like potatoes and green onions. **(2)** (c) Do you have scissors and glue? Uh... please give me the glue. **(3)** (a) I want to introduce Kim Chul-soo. **(4)** (b) How about you, Mark? Do you want to sit down?

57

Chapter 7

Asking Questions

Track # 10

Listen to the audio track and write down what you hear, then translate it.

_____

_____

_____

Answers: 무엇을 먹고 싶습니까? 파스타는요? 파스타를 좋아합니까? 저는 파스타와 스테이크를 정말 먹고 싶습니다. What do you want to eat? How about pasta? Do you like pasta? I really want to eat pasta and steak.

More Questions

Chapter 8

Fill in the blanks with the correct Subject Marker (이 or 가).

1. 밥 ____
2. 캔디 ____
3. 잠 ____
4. 교수 ____
5. 살과 쌀 ____
6. 사탕 ____
7. 어제 ____
8. 설탕 ____
9. 화장실 ____
10. 나라 ____

Answers: (1) 이, (2) 가, (3) 이, (4) 가, (5) 이, (6) 이, (7) 가, (8) 이, (9) 이, (10) 가

Rearrange the words in the boxes to form complete sentences.

| 밥을 | 언제 | 갑니까 | 먹으러 |

1. _____

| 만듭니까 | 떡을 | 누가 |

2. _____

| 어디에 | 있습니까 | 냉장고가 |

3. _____

| 내일 | 합니까 | 우리는 | 무엇을 | 그러면 |

4. _____

| 먹습니까 | 버터를 | 어떻게 |

5. _____

| 아침 식사를 | 싫어합니까 | 왜 |

6. _____

| 더 | 누구를 | 좋아합니까 |

7. _____

Answers: **(1)** 언제 밥을 먹으러 갑니까? Or, 밥을 언제 먹으러 갑니까? **(2)** 누가 떡을 만듭니까? Or, 떡을 누가 만듭니까? **(3)** 냉장고가 어디에 있습니까? Or, 어디에 냉장고가 있습니까? **(4)** 그러면 우리는 내일 무엇을 합니까? Or, 그러면 내일 우리는 무엇을 합니까? **(5)** 버터를 어떻게 먹습니까? Or, 어떻게 버터를 먹습니까? **(6)** 왜 아침 식사를 싫어합니까? Or, 아침 식사를 왜 싫어합니까? **(7)** 누구를 더 좋아합니까?

Chapter 8

More Questions

Connect the following two verbs using the (으)러 grammar form, then conjugate them.

Example
자다 + 가다 → 자러 갑니다.

받다 + 오다 :   1. _____
일(을) 하다 + 가다   2. _____
영화(를) 보다 + 나가다   3. _____
놀다 + 나가다   4. _____
책(을) 읽다 + 나가다   5. _____
친구(를) 보다 + 가다   6. _____
공부(를) 하다 + 교실에 가다 7. _____
밥(을) 먹다 + 오다   8. _____
만들다 + 가다   9. _____
잠(을) 자다 + 방에 가다   10. _____

Answers: (1) 받으러 옵니다 (2) 일(을) 하러 갑니다 (3) 영화(를) 보러 나갑니다 (4) 놀러 나갑니다 (5) 책(을) 읽으러 나갑니다 (6) 친구(를) 보러 갑니다 (7) 공부(를) 하러 교실에 갑니다 (8) 밥(을) 먹으러 옵니다 (9) 만들러 갑니다 (10) 잠(을) 자러 방에 갑니다

Create sentences using the given words in order, adding particles and conjugating where necessary. There may be multiple possible answers.

저	요즘	대학교	나가다

1. _____

영희씨 와	철수 씨	영화	보다	집	오다

2. _____

우리	내일	학교	지붕	놀다	가다

3. _____

오늘	왜	김 선생님만	학교	오다

4. _____

고양이	사람	왜	싫어하다

5. _____

누가	교실	밥	먹다	가다

6. _____

More Questions

Chapter 8

Answers: (1) 저는 요즘 대학교에 나갑니다. (2) 영희 씨와 철수 씨가 영화를 보러 집에 옵니다. (3) 우리는 내일 학교 지붕에 놀러 갑니다. (4) 오늘 왜 김 선생님만 학교에 옵니까? (5) 고양이가 사람을 왜 싫어합니까? (6) 누가 교실에 밥을 먹으러 갑니까?

Fill in the blanks with the most appropriate answers from the following three choices. Add in any Subject Markers (이 or 가) if necessary.

학교	철수 씨	어디

1. 우리나라에 누가 옵니까?
_____ 우리나라에 옵니다.

과자와 사탕	누구	마이크 씨

2. 가방에 무엇이 있습니까?
가방에 _____ 있습니다.

내일	어제	한국

3. 미국에 언제 갑니까?
_____ 미국에 갑니다.

우리	꿀	교육

4. 누가 후식을 먹습니까?
_____ 후식을 먹습니다.

침실	밤	제시카

5. 침대가 어디에 있습니까?
_____ 에 있습니다.

Answers: (1) 철수 씨가, (2) 과자와 사탕이, (3) 내일, (4) 우리, (5) 침실

Complete each sentence by translating the provided English word.

Lunch: _____ 식사를 싫어합니다.
Vinegar: _____ 를 만들러 나갑니다.
Education: _____ 을 받고 싶습니다.
Well then: _____ 저만 빵을 먹으러 갑니다.
I see: _____ . 그러면 저는 선생님만 믿습니다.

Answers: 점심, 식초, 교육, 그러면, 알겠습니다

Write the pronunciation of the following, applying sound change rules where necessary.

일어나다   _____   어떻게   _____
초등학교   _____   꿀이   _____
걷다   _____   알겠다   _____
박사   _____   저녁 식사   _____

Answers: 이러나다, 초등학꾜, 걷따, 박싸, 어떠케, 꾸리, 알겓따, 저녁 식싸

Chapter 8

More Questions

Complete the following dialogues using the words in the box.

| 누가 | 왜 | 누구 | 언제 | 어디 | 어떻게 |

철수: _____ 의사를 보러 갑니까?
영희: 내일 밤에 봅니다.

철수: _____ 에 있습니까?
영희: 냉동실에 있습니다.

철수: _____ 를 만납니까?
영희: 김 선생님을 만납니다.

철수: _____ 김 씨를 만납니까?
영희: 최영희 씨가 만납니다.

철수: _____ 대학교에 갑니까?
영희: 걸어갑니다.

철수: _____ 일하고 싶지 않습니까?
영희: 저는 오늘 놀고 싶습니다.

Answers: 언제, 어디, 누구, 누가, 어떻게, 왜

Create sentences using the given words in order, adding particles and conjugating where necessary, then translate each sentence. There may be multiple possible answers.

| 열쇠 | 어디 | 있다 |

1. _____

| 지금 | 우리는 | 밥(을) 먹다 | 가다 |

2. _____

| 누구 | 가수 | 이다 |

3. _____

More Questions

Chapter 8

| 언제 | 문 | 닫다 |

4. _____

| 김 씨 | 누구 | 좋아하다 |

5. _____

| 누구 | 고등학교 | 다니다 |

6. _____

Answers: **(1)** 열쇠가 어디(에) 있습니까? Where is the key? **(2)** 지금 우리는 밥(을) 먹으러 갑니다. We are now going to eat. **(3)** 누가 가수입니까? Who is a singer? **(4)** 언제 문을 닫습니까? When will you close the door? **(5)** 김 씨가 누구를 좋아합니까? Who does Mr./Mrs. Kim like? **(6)** 누가 고등학교를 다닙니까? Who attends high school?

Translate the following sentences to Korean.

1. Where is the room?

   _____

2. Who wants to run?

   _____

3. Why is Jessica going to eat now?

   _____

4. When do we go to Seoul to play?

   _____

Answers: **(1)** 방이 어디(에) 있습니까? **(2)** 누가 달리고 싶습니까? Or, 누가 뛰고 싶습니까? **(3)** 왜 제시카 씨가 지금 먹으러 갑니까? Or, 왜 지금 제시카 씨가 먹으러 갑니까? **(4)** 언제 우리가 서울에 놀러 갑니까? Or, 우리가 언제 서울에 놀러 갑니까?

Translate the following sentences to English.

1. 저는 지붕에 놀러 갑니다.

   _____

| Chapter 8 | **More Questions** |

2. 요즘도 중학교를 다닙니까?

___

3. 지금 과자를 먹으러 나갑니다.

___

4. 마이크 씨가 지금 나옵니다.

___

Answers: **(1)** I am going to the roof to play. **(2)** Do you go to middle school these days too? **(3)** I am going out to eat snacks now. **(4)** Mike is coming out now.

Match each sentence to the most appropriate drawing, then translate it..

a.   b. 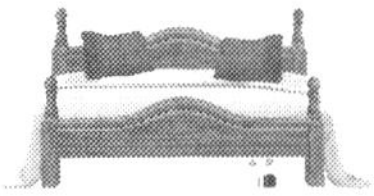   c. 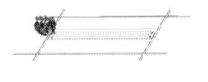   d.

e.    f.

1. 제시카 씨가 이제 박사입니다.

___

2. 영희 씨가 문을 열러 침실에 갑니다.

___

3. 철수 씨가 과자를 좋아해요.

___

4. 왜 소금과 후추가 침실에 있습니까?

___

More Questions

Chapter 8

5. 제이크 씨가 오늘 초등학교에 공부하러 갑니다.

___

6. 천장에 벌레가 있습니다.

___

Answers: **(1)** (a) Jessica is a doctor now. **(2)** (f) Yung-hee is going to the bedroom to open the door. **(3)** (d) Chul-soo likes snacks. **(4)** (b) Why is there salt and pepper in the bedroom? **(5)** (e) Today Jake goes to elementary school to study. **(6)** (c) There's a bug on the ceiling.

Track # 11

Listen to the audio track and write down what you hear, then translate it.

___

___

___

Answers: 알겠습니다. 그러면 저는 오늘 밥을 먹으러 갑니다. 내일 친구를 보러 갑니다. I see. Well then, today I will go to eat. Tomorrow I will go to see a friend.

Chapter 8

More Questions

Adjectives

Chapter 9

Rearrange the words in the boxes to form complete sentences.

| 뜨겁습니다 | 아주 | 밥이 |

1. _____

| 조금 | 작습니다 | 식당이 |

2. _____

| 영국 | 미국에 | 사람이 | 흔합니다 |

3. _____

| 한국 | 식당이 | 드뭅니다 | 프랑스에 |

4. _____

| 날씨가 | 많이 | 이제 | 춥습니다 |

5. _____

| 예쁩니다 | 정말 | 정원이 |

6. _____

| 차갑지만 | 물이 | 맑습니다 |

7. _____

| 고양이가 | 괜찮습니까 | 정말 |

8. _____

| 김영희 | 씨가 | 친절합니다 | 정말로 | 그리고 |

9. _____

Answers: (1) 밥이 아주 뜨겁습니다. (2) 식당이 조금 작습니다. (3) 미국에 영국 사람이 흔합니다. (4) 프랑스에 한국 식당이 드뭅니다. (5) 이제 날씨가 많이 춥습니다. (6) 정원이 정말 예쁩니다. (7) 물이 차갑지만 맑습니다. (8) 고양이가 정말 괜찮습니까? (9) 그리고 김영희 씨가 정말로 친절합니다.

Create sentences using the given words in order, adding particles and conjugating where necessary. There may be multiple possible answers.

| 비 | 오다 | 지만 | 아름답다 |

1. _____

67

Chapter 9 — Adjectives

| 한국 | 요즘 | 많이 | 덥다 |

2. _____

| 화장실 | 정말로 | 춥다 |

3. _____

| 그리고 | 철수 씨 | 담배 | 많이 | 싫어하다 |

4. _____

| 고맙다 | 하지만 | 저 | 괜찮다 |

5. _____

| 저 | 남자 친구 | 정말 | 좋다 |

6. _____

| 저 | 아주 | 배고프다 | 고 | 목 | 마르다 |

7. _____

Answers: (1) 비가 오지만 아름답습니다. (2) 한국은 요즘 많이 덥습니다. (3) 화장실이 정말로 춥습니다. (4) 그리고 철수 씨가 담배를 많이 싫어합니다. (5) 고맙습니다. 하지만 저는 괜찮습니다. (6) 저는 남자 친구가 정말 좋습니다. (7) 저는 아주 배고프고 목이 마릅니다.

Connect each of the phrases in the left column with the <u>most</u> *appropriate ending in the right column.*

- 우유가 냉장고에 있습니다. •
- 눈이 옵니다. 날씨가 조금 •
- 차를 마십니다. 차가 •
- 요즘 해변에 가고 싶습니다. •

- • 뜨겁습니다.
- • 날씨가 정말 덥습니다.
- • 아주 차갑습니다.
- • 춥습니다.

Answers: 우유가 냉장고에 있습니다. 아주 차갑습니다. / 눈이 옵니다. 날씨가 조금 춥습니다. / 차를 마십니다. 차가 뜨겁습니다. / 요즘 해변에 가고 싶습니다. 날씨가 정말 덥습니다.

Complete each sentence by translating the provided English word.

Chair: _____ 가 아주 비쌉니다.
A little: 저는 영어만 _____ 공부합니다.
Very: 저는 _____ 나쁩니다. 그래서 저는 멋있습니다.

Answers: 의자, 조금, 아주

Adjectives

Chapter 9

Complete the table below by filling in the blanks.

	춥다	**1.**		춥습니까?
2.		덥습니다.		덥습니까?
	맛(이) 있다	맛(이) 있습니다.	**3.**	
4.		예쁩니다.		예쁩니까?
	약하다	**5.**	**6.**	

Answers: (1) 춥습니다., (2) 덥다, (3) 맛(이) 있습니까?, (4) 예쁘다, (5) 약합니다., (6) 약합니까?

Conjugate the following descriptive verbs in the present tense to complete each sentence, then translate it.

Example

볶음밥이 맛(이) 있다 → 볶음밥이 맛있습니다. Fried rice is delicious.

1. 웨이터가 아주 친절하다

   _____

2. 고양이들이 작다

   _____

3. 오늘 날씨가 춥다

   _____

4. 최 씨가 예쁘다

   _____

5. 커피가 조금 비싸다

   _____

Chapter 9
Adjectives

6. 책이 좋다

Answers: (1) 웨이터가 아주 친절합니다. The waiter is very friendly. (2) 고양이들이 작습니다. Cats are small. (3) 오늘 날씨가 춥습니다. Today the weather is cold. (4) 최 씨가 예쁩니다. Mrs. Choi is pretty. (5) 커피가 조금 비쌉니다. Coffee is a little expensive. (6) 책이 좋습니다. The book is good.

❓ *Write the pronunciation of the following, applying sound change rules where necessary.*

식당	_____	맑다	_____
맛이 있다	_____	따뜻하다	_____
악합니다	_____	목마릅니다	_____

Answers: 식땅, 마시 이따, 아캄니다, 막따, 따뜨타다, 몽마름니다

❓ *Match each adverb to its definition.*

- 많이 • • "really"
- 조금 • • "only a little"
- 조금만 • • "very"
- 정말 • • "really a lot"
- 정말 많이 • • "a lot"
- 아주 • • "a little"

Answers: 많이 ("a lot"), 조금 ("a little"), 조금만 ("only a little"), 정말 ("really"), 정말 많이 ("really a lot"), 아주 ("very")

❓ *Choose the most appropriate descriptive verb from the box for each sentence, then conjugate it.*

목(이) 마르다	배(가) 고프다	맵다	춥다	괜찮다	작다

김치가 조금 _____ . 하지만 맛이 있습니다.

날씨가 _____ . 나가고 싶지 않습니다.

_____ . 식당에 가고 싶습니다. 그리고 밥도 먹고 싶습니다.

집이 아주 _____ . 하지만 비쌉니다.

_____ . 물을 많이 마시고 싶습니다.

네, 수프가 _____ . 맛있습니다.

Answers: 맵습니다, 춥습니다, 배(가) 고픕니다, 작습니다, 목(이) 마릅니다, 괜찮습니다

Adjectives

Chapter 9

Create sentences using the given words and particles in order, conjugating where necessary, then translate each sentence.

| 의자 | 이 or 가 | 조금 | 약하다 |

1. _____

| 가방 | 이 or 가 | 아주 | 크다 |

2. _____

| 오늘 | 도 | 식당 | 에 | 가고 싶다 |

3. _____

| 술 | 과 or 와 | 담배 | 이 or 가 | 아주 | 나쁘다 |

4. _____

Answers: **(1)** 의자가 조금 약합니다. The chair is a little weak. **(2)** 가방이 아주 큽니다. The bag is very big. **(3)** 오늘도 식당에 가고 싶습니다. I want to go to the restaurant today too. **(4)** 술과 담배가 아주 나쁩니다. Alcohol and cigarettes are very bad.

Translate the following sentences to Korean.

1. Mrs. Choi is cool.

2. Today the weather is good. So I want to go to play.

3. The flavor is a little strong.

Answers: **(1)** 최 씨가 멋있습니다. **(2)** 오늘 날씨가 좋습니다. 그래서 놀러 가고 싶습니다. **(3)** 맛이 조금 강합니다.

Chapter 9: Adjectives

Translate the following sentences to English.

1. 손 씨가 정말 아름답습니다. 더 보고 싶습니다.

2. 지금 커피를 마시고 싶지 않습니다.

3. 수영하고 싶습니까? 날씨가 시원합니다.

Answers: **(1)** Mrs. Son is really beautiful. I want to see her more. **(2)** I don't want to drink coffee now. **(3)** Do you want to swim? The weather is cool.

Match each sentence to the most appropriate drawing, then translate it..

a.   b.    c.    d.

e.    f.

1. 오늘 날씨가 아주 덥습니다.

2. 개가 정말 큽니다!

3. 죄송합니다.

Adjectives

Chapter 9

4. 돈을 더 내고 싶지 않습니다.

_____

5. 오늘 날씨가 아주 좋습니다.

_____

6. 감사합니다!

_____

Answers: **(1)** (d) Today the weather is very hot. **(2)** (e) The dog is really big! **(3)** (a) I'm sorry. **(4)** (f) I don't want to pay more money. **(5)** (c) Today the weather is very good. **(6)** (b) Thank you!

Track # 12

Listen to the audio track and write down what you hear, then translate it.

_____

_____

_____

Answers: 수프가 정말 뜨겁습니다. 지금 수프를 먹고 싶지 않습니다. The soup is very hot. Now I don't want to eat it.

Chapter 9 Adjectives

More Adjectives

Chapter 10

❓ *Rearrange the words in the boxes to form complete sentences.*

| 달콤하고 | 저는 | 따뜻한 | 좋아합니다 | 커피를 |

1. _____

| 단순한 | 저는 | 남자를 | 원합니다 |

2. _____

| 왜 | 선생님이 | 김 씨와 | 갑니까 | 중국 음식을 | 학교에 | 먹고 |

3. _____

| 졸리고 | 저만 | 피곤합니다 |

4. _____

| 미국 음식만 | 저렴합니다 | 흔하고 |

5. _____

| 시고 | 김 선생님이 | 달콤한 | 좋아합니다 | 사탕만 |

6. _____

Answers: (1) 저는 달콤하고 따뜻한 커피를 좋아합니다. (2) 저는 단순한 남자를 원합니다. Or, 단순한 저는 남자를 원합니다. (3) 왜 김 씨와 선생님이 중국 음식을 먹고 학교에 갑니까? Or, 김 씨와 선생님이 왜 중국 음식을 먹고 학교에 갑니까? (4) 저만 졸리고 피곤합니다. (5) 미국 음식만 흔하고 저렴합니다. (6) 김 선생님이 시고 달콤한 사탕만 좋아합니다.

❓ *Complete the following dialogue using the vocabulary words in the box.*

| 글쎄요 | 건강합니다 | 요즘 | 쉽고 | 역사 | 어려운 |

철수: 안녕하세요.

영희: 아, 영희 씨 안녕하세요. _____ 어떤 공부를 합니까?

철수: 저는 재미있는 _____ 를 공부합니다.

영희: _____ 역사가 정말로 재미있습니까? 저는 역사를 싫어합니다.

철수: 네. 역사는 아주 _____ 재미있습니다.

영희: _____ . 저는 역사를 공부하면 머리와 배가 아픕니다.

철수: 하하, 저는 머리와 배가 _____ .

Answers: 요즘, 역사, 어려운, 쉽고, 글쎄요, 건강합니다

Chapter 10

More Adjectives

Complete the following sentences using the vocabulary words in the box.

비싼	차가운	피곤한	차갑습니다	비쌉니다	피곤합니다

1. 그런 미국 음식은 아주 _____ .
2. 이런 _____ 음식을 좋아합니다.
3. 케이크와 _____ 우유를 마십니다.
4. 눈이 옵니다. 손과 발이 _____ .
5. 공부를 많이 합니다. 눈이 정말 _____ .
6. _____ 다리가 정말 무겁습니다.

Answers: 비쌉니다, 비싼, 차가운, 차갑습니다, 피곤합니다, 피곤한

Complete the following sentences by translating the provided English words.

Example

Why + Handsome → 왜 잘생긴 사람을 싫어합니까?

When + Big: 1. _____ _____ 그림을 그립니까?

How + Cheap + Clean: 2. _____ _____ _____ 방을 찾습니까?

What + Important: 3. _____ 이 _____ 책입니까?

Who + Cold: 4. _____ 요즘 _____ 음식을 먹으러 나갑니까?

How + Sweet + Delicious: 5. _____ _____ _____ 케이크를 만듭니까?

Why + High: 6. _____ _____ 성적을 원합니까?

Answers: (1) 언제 큰 그림을 그립니까? (2) 어떻게 싸고 깨끗한 방을 찾습니까? (3) 무엇이 중요한 책입니까? (4) 누가 요즘 차가운 음식을 먹으러 나갑니까? (5) 어떻게 달고 맛(이) 있는 케이크를 만듭니까? (6) 왜 높은 성적을 원합니까?

Create sentences using the given words and particles in order, conjugating where necessary, then translate each sentence.

저는	이렇다	사람	을 or 를	좋아합니다

1. _____

_____

어떻다	사람	을 or 를	좋아하다

2. _____

_____

More Adjectives

Chapter 10

| 저는 | 지금 | 달콤하다 | 음식 | 을 or 를 | 먹으러 | 가다 |

3. _____

| 저는 | 주방 | 에 | 가다 | 일본 음식 | 을 or 를 | 만들고 싶다 |

4. _____

| 고양이는 | 뿔 | 이 or 가 | 있다 |

5. _____

| 저는 | 그런 | 소리 | 을 or 를 | 싫어하다 |

6. _____

Answers: **(1)** 저는 이런 사람을 좋아합니다. I like this kind of person. **(2)** 어떤 사람을 좋아합니까? What kind of person do you like? **(3)** 저는 지금 달콤한 미국 음식을 먹으러 갑니다. Now I will go to eat sweet American food. **(4)** 저는 주방에 가고 일본 음식을 만들고 싶습니다. I want to go to the kitchen and make Japanese food. **(5)** 고양이는 뿔이 있습니다. Cats have horns. **(6)** 저는 그런 소리를 싫어합니다. I dislike that kind of sound.

Write the pronunciation of the following, applying sound change rules where necessary..

목소리	_____	입술	_____
그렇다	_____	잡다	_____
깨끗하다	_____	발가락	_____
어둡다	_____	손가락	_____
부엌	_____	일식	_____

Answers: 목쏘리, 그러타, 깨끄타다, 어둡따, 부억, 입쑬, 잡따, 발까락, 손까락, 일씩

Translate the following sentences to Korean using the adjective 어떤 *("what kind of").*

1. What kind of pizza do you like?

_____

Chapter 10

More Adjectives

2. What kind of movie do you want to watch?

   _____

3. What kind of Korean foods do you dislike?

   _____

4. What kind of method do you want?

   _____

5. What kind of fur is it? Is it long fur?

   _____

Answers: (1) 어떤 피자를 좋아합니까? (2) 어떤 영화를 보고 싶습니까? (3) 어떤 한국 음식을 싫어합니까? (4) 어떤 방법을 원합니까? (5) 어떤 털입니까? 긴 털입니까?

Match each body part to its definition.

머리카락 •	• "neck," "throat"
어깨 •	• "heart"
위 •	• "back (of body)"
허리 •	• "chest"
혀 •	• "shoulder"
팔 •	• "tongue"
목 •	• "arm"
가슴 •	• "stomach"
등 •	• "waist"
심장 •	• "hair"

Answers: 머리카락 ["hair"], 어깨 ["shoulder"], 위 ["stomach"], 허리 ["waist"], 혀 ["tongue"], 팔 ["arm"], 목 ["neck," "throat"], 가슴 ["chest"], 등 ["back (of body)"], 심장 ["heart"]

Complete the table below by filling in the blanks.

아프다	아픕니다.	아픕니까?	1.
건강하다	2.	건강합니까?	건강한
3.	낮습니다.	낮습니까?	낮은
가볍다	가볍습니다.	4.	가벼운
중요하다	중요합니다.	중요합니까?	5.

Answers: (1) 아픈, (2) 건강합니다., (3) 낮다, (4) 가볍습니까?, (5) 중요한

More Adjectives

Chapter 10

Match each sentence to the most appropriate drawing, then translate it..

a.   b.    c.    d.

e.    f.

1. 오늘 저는 정말 중요한 시험을 봅니다.

2. 저는 무겁고 느린 자동차를 원하지 않습니다.

3. 저는 더 재미있는 것을 보고 싶습니다.

4. 한국이 아주 먼 나라입니다.

5. 저는 정말 졸립니다. 집에 가고 쉬고 싶습니다.

6. 저는 신 캔디를 싫어합니다.

Answers: **(1)** (d) Today I am taking a really important test. **(2)** (c) I don't want a heavy and slow car. **(3)** (f) I want to see something more entertaining. **(4)** (e) Korea is a very far country. **(5)** (a) I am really tired. I want to go home and rest. **(6)** (b) I dislike sour candy.

Chapter 10: More Adjectives

Conjugate the following descriptive verbs to adjectives.

좋다	_____	쉽다	_____
피곤하다	_____	쓰다	_____
달다	_____	밝다	_____
아프다	_____	있다	_____
낮다	_____	멀다	_____

Answers: 좋은, 피곤한, 단, 아픈, 낮은, 쉬운, 쓴, 밝은, 있는, 먼

Conjugate the following descriptive verbs to adjectives, then translate each sentence.

길다: 저는 _____ 영화를 보고 싶습니다.

1. _____

잘생기다: _____ 남자가 어디에 있습니까?

2. _____

귀엽다: 저는 집에 _____ 고양이를 키웁니다.

3. _____

새롭다: 오늘 저는 _____ 친구를 보러 갑니다.

4. _____

재미(가) 있다: 저는 _____ 책을 읽습니다.

5. _____

바쁘다: 김 씨가 아주 _____ 사람입니다.

6. _____

Answers: **(1)** 긴, I want to see a long movie. **(2)** 잘생긴, Where is a handsome man? **(3)** 귀여운, I have a cute cat at home. **(4)** 새로운, Today I'll go to see a new friend. **(5)** 재미(가) 있는, I read interesting books. **(6)** 바쁜, Mr./Mrs. Kim is a very busy person.

Connect each of the following two sentences by conjugating the descriptive verbs to adjectives. Then translate each sentence.

Example

김 씨가 좋습니다. 김 씨가 사람입니다 → 김 씨가 좋은 사람입니다. Mr./Mrs. Kim is a good person.

More Adjectives

Chapter 10

1. 케이크가 건강합니까? 케이크가 음식입니까?

2. 오늘 저는 시험을 보러 갑니다. 시험이 어렵습니다.

Answers: **(1)** 케이크가 건강한 음식입니까? Is cake a healthy food? **(2)** 오늘 저는 어려운 시험을 보러 갑니다. Today I will take a difficult test.

Reverse each of the following examples to make the descriptive verb into an adjective, then translate it.

Example

생각이 좋습니다. → 좋은 생각 "good idea"

코와 귀가 더럽습니다.

1. _____

몸이 가볍습니다.

2. _____

입과 이빨이 깨끗합니다.

3. _____

Answers: **(1)** 더러운 코와 귀 ("dirty nose and ears") **(2)** 가벼운 몸 ("light body") **(3)** 깨끗한 입과 이빨 ("clean mouth and teeth")

Translate the following sentences to English.

1. 그런 여자를 좋아합니까?

81

Chapter 10 — More Adjectives

2. 저는 짧은 영화를 더 좋아합니다.

3. 저는 매운 음식을 먹고 싶습니다.

4. 저는 이런 사람을 더 보고 싶지 않습니다.

5. 저는 지금 그런 생각을 하고 싶지 않습니다.

Answers: **(1)** Do you like that kind of girl? **(2)** I like short movies more. **(3)** I want to eat spicy food. **(4)** I don't want to see this kind of person more. **(5)** I don't want to think that kind of thought now.

Connect each of the following two sentences using the verb ending 고 ("and"), then translate it.

1. 저는 영국 사람입니다. 저는 한국말을 공부합니다.

2. 친구를 봅니다. 밥을 먹으러 갑니다.

3. 컴퓨터가 쌉니다. 컴퓨터가 빠릅니다.

4. 성적이 높습니다. 성적이 좋습니다.

More Adjectives

Chapter 10

5. 저는 단순한 방법을 찾습니다. 저는 저렴한 방법을 찾습니다.

6. 건강이 정말 중요합니다. 저는 건강한 사람을 좋아합니다.

Answers: **(1)** 저는 영국 사람이고 한국말을 공부합니다. I'm British and I study Korean. **(2)** 친구를 보고 밥을 먹으러 갑니다. I will see a friend and go eat. **(3)** 컴퓨터가 싸고 빠릅니다. The computer is cheap and fast. **(4)** 성적이 높고 좋습니다. The grade is high and good. **(5)** 저는 단순하고 저렴한 방법을 찾습니다. I am looking for a simple and inexpensive method. **(6)** 건강이 정말 중요하고 저는 건강한 사람을 좋아합니다. Health is very important, and I like healthy people.

Track # 13

Listen to the audio track and write down what you hear, then translate it.

Answers: 저는 맛있고 저렴한 한식을 좋아합니다. 저는 아주 쉬운 숙제를 원합니다. 쓴 음식을 정말 좋아합니까? 저는 가볍고 싼 티비를 찾습니다. I like delicious and inexpensive Korean food. I want very easy homework. Do you really like bitter food? I am looking for a light and cheap TV.

Chapter 10

More Adjectives

Colors

Chapter 11

Complete the table below by filling in the blanks.

하얗다	1.	하얀색
2.	파란	3.
노랗다	4.	5.
6.	7.	빨간색
까맣다	까만	8.

Answers: (1) 하얀, (2) 파랗다, (3) 파란색, (4) 노란, (5) 노란색, (6) 빨갛다, (7) 빨간, (8) 까만색

Rearrange the words in the boxes to form complete sentences.

저는	우산을	노랗고	원합니다	파란

1. _____

같습니다	저	말의	이	새와	색이

2. _____

그 사람의	이름이	저의	똑같습니다	이름과

3. _____

색과	이	비슷합니다	모자의	예를 들면

4. _____

무섭고	이곳은	빨갛습니다

5. _____

살구색입니다	코와	제	귀가

6. _____

어떤	여기에	섞습니까	색을

7. _____

하얀	입니까	그것은	뱀

8. _____

Answers: (1) 저는 노랗고 파란 우산을 원합니다. (2) 이 새와 저 말의 색이 같습니다. Or, 저 새와 이 말의 색이 같습니다. (3) 그 사람의 이름이 저의 이름과 똑같습니다. Or, 저의 이름과 그 사람의 이름이 똑같습니다. (4) 예를 들면 이 모자의 색과 비슷합니다. (5) 이곳은 무섭고 빨갛습니다. (6) 제 코와 귀가 살구색입니다. (7) 여기에 어떤 색을 섞습니까? (8) 그것은 하얀 뱀 입니까?

Chapter 11

Colors

❓ *Complete the following dialogue using the vocabulary words in the box.*

저는	제	무슨	동그랗고	흰색	저것은

민희: 안녕하세요.
수빈: 안녕하세요. _____ 이름은 수빈입니다.
민희: 수빈 씨, 반갑습니다. _____ 민희입니다.
수빈: _____ 민희 씨의 가방입니까?
민희: 글쎄요. 가방이 _____ 색입니까?
수빈: _____ 흰색 가방입니다.
민희: 아니요. 저는 _____ 을 싫어합니다.
수빈: 하하. 알겠습니다.

Answers: 제, 저는, 저것은, 무슨, 동그랗고, 흰색

❓ *Complete the following sentences using the vocabulary words in the box.*

그럼	하얀	예를 들면	무섭습니다	똑같습니다

1. 날씨가 춥습니다. _____ 눈이 옵니다
2. 저는 초록색을 좋아합니다. 저의 옷과 모자의 색이 _____.
3. 그 색과 아주 다릅니다. _____ 이런 색입니다.
4. 추운 밤입니다. 검정 산이 _____ .
5. 정말로 저만 배가 고픕니까? _____ 제가 이것을 먹고 싶습니다.

Answers: 하얀, 똑같습니다, 예를 들면, 무섭습니다, 그럼

❓ *Complete each sentence by translating the provided English word.*

To add: 여기에 이것을 _____ 할까요?
Bridge: 저는 물이 무섭습니다. 긴 _____ 를 싫어합니다.
Apricot: 이제 이 _____ 를 자르고 먹고 싶습니다.
Building: 여기에 요즘 새로운 도시를 만듭니다. 높고 큰 _____ 이 많습니다.
Window: 노란색 _____ 이 벽에 많이 있습니다.
Finger: 제 _____ 을 베고 싶지 않습니다. 빨간 것을 싫어합니다.
Time: 지금 _____ 이 있습니까?

Answers: 추가, 다리, 살구, 건물, 창(문), 손가락, 시간

Colors

Chapter 11

Complete the phrases below by filling in the blanks. Then fill in the right column with its adjective conjugation and the noun.

빨간색 사탕을 먹습니다. 혀가...	1.	빨간 혀
저는 까만색 새를 보고 싶습니다. 새가...	까맣습니다.	2.
눈이 옵니다. 눈이 정말로...	3.	하얀 눈
철수 씨는 파란색을 많이 좋아합니다. 철수 씨의 옷도...	4.	파란 옷
여기에 바나나가 많이 있습니다. 바나나가 아주...	노랗습니다.	5.

Answers: (1) 빨갛습니다, (2) 까만 새, (3) 하얗습니다, (4) 파랗습니다, (5) 노란 바나나

Create sentences using the given words and particles in order, conjugating where necessary, then translate each sentence.

이것	은 or 는	하얗다	공	이다

1. _____

양	은 or 는	아주	귀엽다	동물	이다

2. _____

빨간색	과 or 와	노란색	을 or 를	섞고 싶다

3. _____

그것은	정말	동그랗다	얼굴	이다

4. _____

오늘	은 or 는	무슨	음식	을 or 를	요리(를) 하다

5. _____

Chapter 11			Colors			
이것	은 or 는	저것	과 or 와	아주	다르다

6. _____

Answers: **(1)** 이것은 하얀 공입니다. This is a white ball. **(2)** 양은 아주 귀여운 동물입니다. Sheep are very cute animals. **(3)** 빨간색과 노란색을 섞고 싶습니다. I want to mix red and yellow. **(4)** 그것은 정말 동그란 얼굴입니다. That is a very round face. **(5)** 오늘은 무슨 음식을 요리합니까? What (food) will you cook today? **(6)** 이것은 저것과 아주 다릅니다. This is very different from that.

Conjugate the following descriptive verb colors to adjectives.

파랗다 _____
빨갛다 _____
노랗다 _____
하얗다 _____
까맣다 _____

Answers: 파란, 빨간, 노란, 하얀, 까만

Practice describing the color(s) of an object that you have to 철수 above (or with a partner if you have one). Describe at least three objects.

Example
저는 초록색 연필이 있습니다.

_____

_____

_____

Write the pronunciation of the following, applying sound change rules where necessary..

신뢰 _____   태극기 _____
속옷 _____   희망 _____
파랗다 _____   흰 _____
저의 집 _____   대학교 _____

Answers: 실뢰, 소곧, 파라타, 저에 집, 태극끼, 희망, 힌, 대학꾜

Colors

Match each sentence to the most appropriate drawing, then translate it..

a.  b.  c.  d.

e.  f.

1. 이 우산이 그 우산과 비슷합니다.

2. 저기에 아주 무서운 건물이 있습니다.

3. 저는 질문을 하고 싶습니다.

4. 이것은 누구의 검정색 드레스입니까?

5. 이것은 작고 하얀 가방입니다.

6. 저의 턱과 뺨에 주름과 여드름이 많이 있습니다. 빼고 싶습니다.

Answers: **(1)** (b) This umbrella is similar to that umbrella. **(2)** (f) There is a very scary building. **(3)** (a) I want to ask a question. **(4)** (c) Whose black dress is this? **(5)** (e) This is a small and white bag. **(6)** (d) There are many wrinkles and pimples on my chin and cheeks. I want to remove them.

Chapter 11

Colors

Practice introducing yourself to 철수 above (or with a partner if you have one). Say "hello," your name, a color that you like, and include "nice to meet you."

Example
안녕하세요. 저의 이름은 빌리입니다. 저는 초록색을 좋아합니다. 만나서 반갑습니다.

___

Translate the following sentences to Korean.

1. There is a big and blue house.

2. Here is more entertaining.

3. That is Mr. Kim's problem.

4. I have a blue laptop at my house.

5. What is that yellow thing?

6. What is that present?

7. When do you want to eat this?

Colors

Chapter 11

8. This is a frog.

9. I want that flag.

10. I want to get a monitor.

Answers: (1) 거기에 크고 파란 집이 있습니다. (2) 여기가 더 재미있습니다. (3) 그것이 김 씨의 문제입니다. (4) 저는 저의 집에 파란 노트북이 있습니다. (5) 그 노란 것이 무엇입니까? (6) 그 선물이 무엇입니까? (7) 언제 이것을 먹고 싶습니까? (8) 이것이 개구리입니다. (9) 저는 그 국기를 원합니다. (10) 저는 모니터를 받고 싶습니다.

Translate the following sentences to English.

1. 무슨 질문입니까?

2. 아주 먼 곳에 있습니다.

3. 그 사람의 이름은 무엇입니까?

4. 저의 집에 먹으러 갑니까?

5. 저는 그 거울을 원합니다.

6. 저기에 단계가 많습니다.

7. 무슨 색을 더 좋아합니까?

8. 제 친구의 셔츠가 제 셔츠와 같습니다.

Chapter 11 — Colors

9. 김 씨는 빨간색 모자를 원합니다.

_____

10. 이 건물에 계단이 어디에 있습니까?

_____

Answers: **(1)** What question is it? **(2)** It's at a very far place. **(3)** What is that person's name? **(4)** Are you going to my house to eat? **(5)** I want that mirror. **(6)** There are many steps there. **(7)** What color do you like more? **(8)** My friend's shirt is the same as my shirt. **(9)** Mr./Mrs. Kim wants a red hat. **(10)** Where are the stairs in this building?

Track # 14

Listen to the audio track and write down the conversation, then translate it.

1. Boy: _____

_____

2. Girl: _____

_____

3. Boy: _____

_____

4. Girl: _____

_____

5. Boy: _____

_____

Answers: **(1)** 무슨 티셔츠를 좋아합니까? What T-shirt do you like? **(2)** 저는 초록색과 빨간색을 좋아합니다. 여기에 멋있는 셔츠가 있습니까? I like green and red. Is there a cool shirt here? **(3)** 글쎄요.... 이것은 괜찮습니까? Well.... Is this one okay? **(4)** 아니요. 저는 초록색을 더 좋아합니다. No. I like green more. **(5)** 알겠습니다. I see.

Numbers

Chapter 12

❓ Complete the table below by filling in the blanks using Sino-Korean numbers.

	10	1.	
2.			이십 오
	108	3.	
4.			이백 오십
	570	5.	
	2,480	6.	
7.			사만 육천 구백 구십
8.			오십삼만 오천 오백 오십

Answers: (1) 십, (2) 25, (3) 백 팔, (4) 250, (5) 오백 칠십, (6) 이천 사백 팔십, (7) 46,990, (8) 535,550

❓ Rearrange the words in the boxes to form complete sentences.

비싸기	가방이	때문에	합니다	아르바이트도

1. _____

저렴합니다	50,000 원은	너무

2. _____

날씨	코가	빨갛습니다	추운	때문에

3. _____

태어나기	행복합니다	고양이가	오늘	때문에

4. _____

바른	손님	예의가	덕분에	기쁩니다

5. _____

손님의	전화	슬픕니다	얼굴이	사장님의	때문에

6. _____

Answers: (1) 가방이 비싸기 때문에 아르바이트도 합니다. (2) 50,000 원은 너무 저렴합니다. (3) 추운 날씨 때문에 코가 빨갛습니다. (4) 오늘 고양이가 태어나기 때문에 행복합니다. Or, 고양이가 오늘 태어나기 때문에 행복합니다. (5) 예의가 바른 손님 덕분에 기쁩니다. (6) 손님의 전화 때문에 사장님의 얼굴이 슬픕니다.

Chapter 12: Numbers

Rearrange the two parts to create full sentences using 때문에 or 덕분에.

Example

훌륭한 친구 + 싼 비행기표를 받다 → 훌륭한 친구 덕분에 싼 비행기표를 받습니다.

무례한 직원	많이 슬프다

1. _____

깨끗한 이웃	이 아파트가 깨끗하다

2. _____

행복한 대통령	사람들도 행복하다

3. _____

Answers: **(1)** 무례한 직원 때문에 많이 슬픕니다. **(2)** 깨끗한 이웃 덕분에 이 아파트가 깨끗합니다. **(3)** 행복한 대통령 덕분에 사람들도 행복합니다.

Solve the following math problems using Sino-Korean numbers.

Example

일 + 일 = 이

1. 구 + 일   = _____
2. 삼 * 삼   = _____
3. 칠 - 칠   = _____
4. 십사 + 육   = _____
5. 십 ÷ 이   = _____
6. 천 - 백   = _____
7. 백 + 일 – 육 = _____
8. 이십 + 십   = _____
9. 삼십 사 + 십육 = _____
10. 백 ÷ 오   = _____

Answers: **(1)** 십, **(2)** 구, **(3)** 영, **(4)** 이십, **(5)** 오, **(6)** 구백, **(7)** 구십 오, **(8)** 삼십, **(9)** 오십, **(10)** 이십

Complete the following dialogue using the vocabulary words in the box.

정말	새롭고	셔츠	얼마	이것은	가세요	여기	때문에	비쌉니까	20 만원

직원: 안녕하세요, 손님.

선아: 네, 안녕하세요. 이 _____ 가 얼마입니까?

직원: _____ 20 만 원입니다.

선아: 그러면 이 티셔츠는 _____ 입니까?

직원: 그 티셔츠는 _____ 입니다.

선아: 셔츠가 왜 그렇게 _____ ?

직원: 아주 예쁘고 좋은 셔츠이기 _____ 비쌉니다.

선아: 글쎄요. 승원 씨, 이 셔츠가 _____ 예쁩니까?

Numbers

Chapter 12

승원: 네, 정말 _____ 예쁩니다.

선아: 알겠습니다. _____ 20 만 원입니다.

직원: 감사합니다. 안녕히 _____ .

Answers: 셔츠, 이것은, 얼마, 20 만 원, 비쌉니까, 때문에, 정말, 새롭고, 여기, 가세요

Answer the following questions by using 때문에 and conjugating the provided descriptive verbs.

Example

왜 감자튀김을 좋아합니까? + 맛(이) 있다 → 감자튀김이 맛이 있기 때문에 좋아합니다.

1. 도서관에 가고 싶습니까?

깨끗하다: 네, 도서관이 _____ 때문에 가고 싶습니다.

2. 표가 비쌉니까?

싸다: 아니요. 표가 _____ 때문에 내일 유럽에 갑니다.

3. 왜 나가고 싶지 않습니까?

덥다: 날씨가 _____ 때문에 나가고 싶지 않습니다.

4. 왜 정치를 공부합니까?

재미(가) 있다: 정치가 _____ 때문에 공부합니다.

5. 왜 새로운 정부를 좋아합니까?

신뢰하다: 저는 새로운 대통령을 _____ 때문에 좋아합니다.

6. 왜 병원을 싫어합니까?

무섭다: 의사가 _____ 때문에 병원을 싫어합니다.

7. 왜 전화기를 원합니까?

이다: 저는 회사 직원 _____ 때문에 전화기를 원합니다.

8. 전화를 받고 싶습니까?

바쁘다: 아니요. 저는 지금 _____ 때문에 전화를 받고 싶지 않습니다.

Answers: 깨끗하기, 싸기, 덥기, 재미(가) 있기, 신뢰하기, 무섭기, 이기, 바쁘기

Chapter 12

Numbers

Write the following Sino-Korean numbers phonetically in Korean.

40,000	_____	38	_____
82	_____	721	_____
1,005	_____	657	_____
503	_____	222	_____

Answers: 사만, 팔십 이, 천 오, 오백 삼, 삼십 팔, 칠백 이십 일, 육백 오십 칠, 이백 이십 이

Create sentences using the given words and particles in order, conjugating where necessary, then translate each sentence.

저의	나쁘다	사장님	때문에	아주	슬프다

1. _____

왜	이것	을 or 를	그렇게	좋아하다

2. _____

제가	유럽에	정말	가고 싶다	때문에	돈	을 or 를	많이	벌고 싶다

3. _____

경제	이 or 가	어렵다	때문에	공부하고 싶지 않다

4. _____

사회	이 or 가	친절하다	때문에	저도	친절하다

5. _____

Answers: **(1)** 저의 나쁜 사장님 때문에 아주 슬픕니다. I am very sad because of my bad boss. **(2)** 왜 이것을 그렇게 좋아합니까? Why do you like this so much? **(3)** 제가 유럽에 정말 가고 싶기 때문에 돈을 많이 벌고 싶습니다. Because I really want to go to Europe, I want to earn a lot of money. **(4)** 경제가 너무 어렵기 때문에 공부하고 싶지 않습니다. Because economics is too difficult I don't want to study. **(5)** 사회가 친절하기 때문에 저도 친절합니다. Because society is nice, I am nice too.

Numbers

Chapter 12

Practice counting backward using Sino-Korean numbers, starting from 20. Write down each number phonetically.

_____

_____

Answers: 이십, 십구, 십팔, 십칠, 십육, 십오, 십사, 십삼, 십이, 십일, 십, 구, 팔, 칠, 육, 오, 사, 삼, 이, 일, 영

Write the pronunciation of the following, applying sound change rules where necessary..

십육	_____	백만	_____
육십육	_____	칠억	_____
행복하다	_____	숫자	_____
십만	_____	그렇게	_____

Answers: 심뉵, 육씸뉵, 행보카다, 심만, 뱅만, 치럭, 수짜, 그러케

Match each sentence to the most appropriate drawing, then translate it..

a. b. c. d.

e. f. g. h.

1. 제가 마이크를 좋아하기 때문에 결혼하고 싶습니다.

_____

2. 철수 씨가 너무 무례하기 때문에 결혼하고 싶지 않습니다.

_____

97

Chapter 12

Numbers

3. 이것이 무슨 숫자입니까?

___

4. 저는 지금 전화를 하고 싶지 않습니다.

___

5. 새로운 핸드폰이 너무 비싸기 때문에 다른 것을 원합니다.

___

6. 제시카 씨의 한국말이 정말 훌륭합니다! 그리고 아주 자연스럽습니다.

___

7. 제 전화번호가 비밀입니다.

___

8. 저는 한국 문화와 자연을 좋아하기 때문에 한국에 가고 싶습니다.

___

Answers: **(1)** (a) Because I like Mike, I want to get married. **(2)** (d) I don't want to get married because Chul-soo is too rude. **(3)** (h) What number is this? **(4)** (b) I don't want to make a call now. **(5)** (c) Because a new cell phone is too expensive, I want something different. **(6)** (g) Jessica's Korean is really wonderful! And it's very natural. **(7)** (f) My phone number is a secret. **(8)** (e) I want to go to Korea because I like Korean culture and nature.

Practice asking 철수 above (or with a partner if you have one) how much each of the following items is, and responding with the cost.

Example

김치: 1,500 원 → 김치가 얼마입니까? → 가격은 1,500 원입니다.

감자튀김: 2,300 원

___

___

Numbers

거울: 15,000 원

___

___

저녁 식사: 32,000 원

___

___

작은 냉장고: 230,500 원

___

___

비행기표: 700,000 원

___

___

아파트: 3,000,000 원

___

___

Connect each of the numbers in the left column with their phonetic reading in the right column.

팔백 육십 칠 •	• 4242
오천 삼백 구 •	• 72
구백 십일 •	• 297
백이십 삼 •	• 123
칠십이 •	• 409
이백 구십 칠 •	• 867
사천 이백 사십 이 •	• 911
사백 구 •	• 5309

Answers: 867, 5309, 911, 123, 72, 297, 4242, 409

Chapter 12

Numbers

Translate the following sentences to Korean.

1. Today I want to make 150,000 Won.

2. How much is this green shirt?

3. I have a pretty girlfriend thanks to my friend.

4. Is that really so?

5. Mr. Choi is a polite person.

6. I think so.

Answers: (1) 오늘 제가 15만 원을 벌고 싶습니다. (2) 이 초록색 셔츠가 얼마입니까? (3) 저의 친구 덕분에 예쁜 여자 친구가 있습니다. (4) 정말 그렇습니까? (5) 최 씨는 예의(가) 바른 사람입니다. (6) 저는 그렇게 생각합니다.

Translate the following sentences to English.

1. 그렇게 좋습니까?

2. 그렇게 생각합니까?

3. 정말 그렇게 많이 가고 싶습니까?

4. 저는 한국말을 공부하기 때문에 행복합니다.

5. 저는 어려운 숙제가 있기 때문에 슬픕니다.

Numbers

6. 비밀이기 때문에 번호를 말하고 싶지 않습니다.

Answers: **(1)** Is it so good? **(2)** Do you think so? **(3)** Do you really want to go so much? **(4)** I am happy because I study Korean **(5)** I am sad because there is difficult homework. **(6)** I don't want to say the number because it is a secret.

Translate the following sentences to Korean using the grammar form 때문.

1. It is because I like movies.

2. I am happy because I have a cat.

3. I am busy because I have homework.

4. I am healthy because I eat kimchi.

5. This computer is slow because it is cheap.

6. Because I have money, I will go to buy a ticket.

Answers: **(1)** 영화를 좋아하기 때문입니다. **(2)** 고양이를 키우기 때문에 행복합니다 (or 기쁩니다). **(3)** 숙제가 있기 때문에 바쁩니다. **(4)** 김치를 먹기 때문에 건강합니다. **(5)** 이 컴퓨터가 싸기 때문에 느립니다. **(6)** 돈이 있기 때문에 표를 사러 갑니다.

Chapter 12

Numbers

Track # 15

Listen to the audio track and write down what you hear, then translate it.

_____

_____

_____

_____

_____

Answers: 내일 천만 원을 주세요. Please give me ten million Won tomorrow. / 일을 많이 하기 때문에 돈도 많이 받습니다. I get a lot of money too because I do a lot of work. / 이 문을 열고 싶기 때문에 비밀번호를 원합니다. I want the password because I want to open this door. / 저는 자유를 원하기 때문에 돈을 벌고 싶습니다. I want to earn money because I want freedom.

More Numbers

Chapter 13

Complete the table below by filling in the blanks using Pure Korean numbers.

1		하나		한 개
2	1.		2.	
3		셋	3.	
4	4.		5.	
6.		열 하나	7.	
20	8.			스무 개
9.	10.			스물 네 개
11.		서른 여섯	12.	
39	13.		14.	
45	15.		16.	

Answers: (1) 둘, (2) 두 개, (3) 세 개, (4) 넷, (5) 네 개, (6) 11, (7) 열 한 개, (8) 스물, (9) 24, (10) 스물 넷, (11) 36, (12) 서른 여섯 개, (13) 서른 아홉, (14) 서른 아홉 개, (15) 마흔 다섯, (16) 마흔 다섯 개

Rearrange the words in the boxes to form complete sentences.

| 집에서 | 공 | 저는 | 열 두 개를 | 가지고 | 갑니다 |

1. _____

| 여기에 | 사람이 | 있습니까 | 몇 명 |

2. _____

| 키가 | 저기에 | 스무 살 | 입니다 | 큰 | 사람이 |

3. _____

| 닭 | 먹습니다 | 저만 | 두 마리를 |

4. _____

| 작기 | 키가 | 때문에 | 저는 | 불편합니다 |

5. _____

| 돼지고기 | 갖고 싶습니다 | 200 그램을 |

6. _____

| 직원이 | 옵니다 | 가지고 | 쇠고기 | 1 킬로그램을 | 컵과 |

7. _____

103

Chapter 13 — More Numbers

| 똑똑한 | 쥐가 | 그분의 | 합니다 | 운동을 |

8. _____

Answers: (1) 저는 집에서 공 열 두 개를 가지고 갑니다. (2) 여기에 사람이 몇 명 있습니까? (3) 저기에 키가 큰 사람이 스무 살입니다. (4) 저만 닭 두 마리를 먹습니다. Or, 닭 두 마리를 저만 먹습니다. (5) 저는 키가 작기 때문에 불편합니다. (6) 돼지고기 200 그램을 갖고 싶습니다. (7) 직원이 컵과 쇠고기 1 킬로그램을 가지고 옵니다. (8) 그분의 똑똑한 쥐가 운동을 합니다.

Connect each of the phrases in the left column with the most appropriate ending in the right column.

비가 옵니다. 학교에 우산을 •   • 데리고 갑니다.
친구가 저의 집에 선물을 •   • 데리고 옵니다.
회사 파티가 있습니다. 김 씨를 파티에 • • 가지고 갑니다.
내일 친구가 저의 집에 옵니다. 친구가 철수 씨도 • • 가지고 옵니다.

Answers: 비가 옵니다. 학교에 우산을 가지고 갑니다. / 친구가 저의 집에 선물을 가지고 옵니다. / 회사 파티가 있습니다. 김 씨를 파티에 데리고 갑니다. / 내일 친구가 저의 집에 옵니다. 친구가 철수 씨도 데리고 옵니다.

Complete the following sentences using the vocabulary words in the box.

| 보다 | 더 | 라고요 | 그분 | 미터 | 데리고 |

1. 바다에 물 _____ 물고기가 더 많습니다.
2. _____ 이 이 가게의 사장님이 맞습니까?
3. 저는 _____ 예쁜 장미를 갖고 싶습니다.
4. 개 _____ ? 그 개가 정말 운전을 합니까?
5. 제주도에 여자 친구를 _____ 가고 싶습니다.
6. 저의 남자 친구는 키가 2 _____ 입니다.

Answers: 보다, 그분, 더, 라고요, 데리고, 미터

Complete the following dialogue using the vocabulary words in the box.

| 까지 | 요즘도 | 맞습니다 | 한 마리 | 라고요 |

수현: 소라 씨 _____ 운동합니까?
소라: 네, 밤에 고양이를 데리고 회사에 갑니다. 집에서 회사 _____ 달립니다.
수현: 아이고! 고양이 _____ ?
소라: 네, 고양이가 _____ .
수현: 저도 그런 똑똑한 고양이를 _____ 갖고 싶습니다.

Answers: 요즘도, 까지, 라고요, 맞습니다, 한 마리

104

More Numbers

Chapter 13

Create sentences using the given words and particles in order, conjugating where necessary, then translate each sentence.

사람	몇	명	이 or 가	가다

1. _____

_____

그분	은 or 는	사과	1	개	을 or 를	먹다

2. _____

_____

저는	저의 집	에서	숲	까지	걸어가다

3. _____

_____

칼	1	개	과 or 와	검	1	개	을 or 를	가지고 싶다

4. _____

_____

게	몇	마리	이 or 가	필요하다

5. _____

_____

당근	을 or 를	많이	먹다	때문에	건강하다

6. _____

_____

오늘	운동	을 or 를	2 번	하고 싶다

7. _____

_____

Chapter 13: More Numbers

Answers: **(1)** 사람 몇 명이 갑니까? How many people are going? **(2)** 그분은 사과 한 개를 먹습니다. He eats 1 apple. **(3)** 저는 저의 집에서 숲까지 걸어갑니다. I walk from my house to the forest. **(4)** 칼 한 개와 검 한 개를 가지고 싶습니다. I want to have one knife and one sword. **(5)** 게 몇 마리가 필요합니까? How many crabs do you need? **(6)** 당근을 많이 먹기 때문에 건강합니다. I'm healthy because I eat a lot of carrots. **(7)** 오늘 운동을 두 번 하고 싶습니다. I want to exercise twice today.

Write the following Pure Korean numbers phonetically in Korean.

1	_____	8	_____
2	_____	9	_____
3	_____	10	_____
4	_____	15	_____
5	_____	27	_____
6	_____	37	_____
7	_____	42	_____

Answers: 하나, 둘, 셋, 넷, 다섯, 여섯, 일곱, 여덟, 아홉, 열, 열 다섯, 스물 일곱, 서른 일곱, 마흔 둘

OPTIONAL BONUS! Write the following Pure Korean numbers phonetically in Korean.

55	_____
66	_____
77	_____
88	_____
99	_____

Answers: 쉰 다섯, 예순 여섯, 일흔 일곱, 여든 여덟, 아흔 아홉

Here's an exercise for some exercise.
Walk up or down the nearest staircase. Count each step as you take it out loud in Pure Korean numbers. If you're not near any stairs, practice by counting something that you have, such as comic books, music albums, or video games.

Write the pronunciation of the following, applying sound change rules where necessary..

여덟	_____	열 개	_____
꽃	_____	몇 개	_____
물고기	_____	백십 도	_____
맞다	_____	백 밀리미터	_____
맥주	_____	악마	_____

Answers: 여덜, 꼳, 물꼬기, 맏따, 맥쭈, 열깨, 멷깨, 백씹또, 뱅밀리미터, 앙마

106

More Numbers

Chapter 13

Count each noun using the following counters and amounts.

#	Noun	Counter	Combination
5	소	마리	
2	사람	명	
3	종이	장	
7	피자	판	
6	사이다	병	
2	나무	그루	
2	펜	자루	
4	공책	권	
1	말	마디	
4	양말	켤레	
2	양복	벌	
50	고기	톤	

Answers: 소 다섯 마리, (사람) 두 명, 종이 세 장, 피자 일곱 판, 사이다 여섯 병, 나무 두 그루, 펜 두 자루, 공책 네 권, (말) 한 마디, 양말 네 켤레, 양복 두 벌, 고기 오십 톤

Match each sentence to the most appropriate drawing, then translate it..

a.   b.   c.   d.   e.

f.   g.   h.   i.   j.

107

Chapter 13

More Numbers

1. 잔디에서 집까지 달립니다.

2. 의자에 앉습니다. 아주 편합니다.

3. 이 물이 불보다 더 뜨겁습니다.

4. 상자가 세 개 있습니다.

5. 저는 키가 171 센티미터입니다. 이제 마이크 씨보다 키가 큽니다.

6. 땅에서 하늘까지 뛰고 싶습니다.

7. 바람이 아주 시원하기 때문에 행복합니다.

8. 조엘 씨도 초대하고 싶습니다. 하지만 조엘 씨는 너무 바쁩니다.

9. 똥을 싫어합니다. 그래서 고양이를 키우고 싶지 않습니다.

10. 오늘 정말 덥습니다. 물을 1 갤런 마시고 싶습니다.

Answers: **(1)** (g) I'll run from the grass to my house. **(2)** (e) I'll sit down in the chair. It's very comfortable. **(3)** (j) This water is hotter than that fire. **(4)** (i) There are three boxes. **(5)** (a) I am 171 centimeters tall. Now I am taller than Mike. **(6)** (d) I want to jump from the earth to the sky. **(7)** (h) I am happy because the wind is very cool. **(8)** (b) I want to invite Joel too. But Joel is too busy. **(9)** (c) I dislike poop. So I don't want to have a cat. **(10)** (f) Today is really hot. I want to drink 1 gallon of water.

More Numbers

Chapter 13

Complete each sentence by translating the English word(s) in parentheses. Then translate each completed sentence.

1. 저는 (2 dogs) _____ (을 or 를) 키웁니다.

   _____

2. 저의 친구는 (14 years old) _____ 입니다.

   _____

3. 오늘의 파티에 (21 people) _____ (이 or 가) 옵니다.

   _____

4. (33 books) _____ (을 or 를) 읽고 싶습니다.

   _____

5. 신발 (8 pairs) _____ (을 or 를) 갖고 싶습니다..

   _____

Answers: **(1)** 저는 개 두 마리를 키웁니다. I have two dogs. **(2)** 저의 친구는 열 네 살입니다. My friend is 14 years old. **(3)** 오늘 파티에 (사람) 스물 한 명이 옵니다. 21 people will come. **(4)** 책 서른 세 권을 읽고 싶습니다. I want to read 33 books. **(5)** 신발 여덟 켤레를 갖고 싶습니다. I want 8 pairs of shoes.

Use the word 몇 to ask how many of each of the following there are. Then finish the sentence using 입니까 or 있습니다 (or another way if you prefer).

Example
사자: 사자가 몇 마리 있습니까?

1. 살 (age): _____
2. 책: _____
3. 칼: _____
4. 나무: _____
5. 사람: _____

Answers: **(1)** 몇 살입니까? **(2)** 책 몇 권이 있습니까? Or, 책이 몇 권 있습니까? **(3)** 칼 몇 자루가 있습니까? Or, 칼이 몇 자루 있습니까? **(4)** 나무 몇 그루가 있습니까? Or, 나무가 몇 그루 있습니까? **(5)** (사람) 몇 명이 있습니까? Or, 사람이 몇 명 있습니까?

Chapter 13

More Numbers

Translate the following sentences to Korean.

1. Today how many people will you meet?

2. I want a pretty flower too.

3. Is it far from the Earth to the sun?

4. I want to walk from my house to the bank.

5. Won-bin is bringing his friend.

6. Did you say chicken? I have 3 (chickens).

7. What kind of present do you want to have?

8. How many monkeys do you have?

9. I want to have 4 cars.

10. Please give me one more slice of pizza.

Answers: **(1)** 오늘 (사람을) 몇 명(을) 만납니까? **(2)** 저도 예쁜 꽃을 가지고 싶습니다. **(3)** 지구에서 해까지 멉니까? **(4)** 저의 집에서 은행까지 걸어가고 싶습니다. **(5)** 원빈 씨는 그분의 친구를 데리고 갑니다. **(6)** 닭이라고요? 저는 (닭을) 3 (세) 마리(를) 키웁니다. **(7)** 어떤 선물을 가지고 싶습니까? **(8)** 원숭이(를) 몇 마리(를) 키웁니까? **(9)** 자동차(를) 네 대(를) 가지고 싶습니다. **(10)** 피자(를) 한 조각(을) 더 주세요.

More Numbers

Chapter 13

Translate the following sentences to English.

1. 몇 명이 그렇게 생각합니까?

2. 김 씨는 지금 영화관에서 여기까지 옵니다.

3. 그리고 그분의 노트북도 가지고 갑니다.

4. 이것은 정말 종이 30 (서른) 장이 맞습니까?

5. 저는 물을 2 리터 마시고 싶지만 10 (십) 밀리리터만 있습니다.

6. 소주를 마시고 싶지 않습니다. 사이다가 더 맛있습니다.

7. 여기에서 10 마일을 걷고 싶습니다.

8. 저는 이 세계에 맞는 사람을 찾고 싶습니다.

9. 제가 선생님이기 때문에 틀린 문제를 많이 봅니다.

10. 김치 세 접시를 더 주세요.

Answers: **(1)** How many people think so? **(2)** Mr./Mrs. Kim is now coming from the movie theater to here. **(3)** And he will take his laptop (there) too. **(4)** Is this really 30 pieces of paper? **(5)** I want to drink 2 liters of water, but I only have 10 milliliters. **(6)** I don't want to drink (Korean) alcohol. Soda is more delicious. **(7)** I want to walk 10 miles from here. **(8)** I want to find the correct person in this world. **(9)** Because I'm a teacher I see a lot of incorrect problems. **(10)** Please give me three more plates of kimchi.

Chapter 13

More Numbers

Compare each of the two following nouns using the grammar form 보다 (더) and any descriptive verb.

Example

쇠고기 + 돼지고기 → 쇠고기가 돼지고기보다 더 맛있습니다.

1. 우주 + 지구

2. 고양이 + 쥐

3. 시험 + 숙제

4. 집 + 아파트

5. 저의 친구 + 저

6. 이것 + 그것

Examples: **(1)** 우주가 지구보다 더 큽니다. **(2)** 고양이가 쥐보다 더 귀엽습니다. **(3)** 시험이 숙제보다 더 어렵습니다. **(4)** 집이 아파트보다 더 비쌉니다. **(5)** 저의 친구가 저보다 더 재미있습니다. **(6)** 이것이 그것보다 더 좋습니다.

Track # 16

Listen to the audio track and write down what you hear, then translate it.

Answers: 제가 책을 읽고 싶습니다. 하지만 이 책을 읽고 싶지 않습니다. 더 재미있는 책을 주세요. I want to read a book. But I don't want to read this book. Please give me a more entertaining book.

Negative Sentences

Chapter 14

Rearrange the words in the boxes to form complete sentences.

| 함께 | 저는 | 여자 친구와 | 이야기를 | 재미없는 | 합니다 |

1. _____

| 그 | 예쁘지만 | 맛이 | 바나나는 | 없습니다 |

2. _____

| 김 선생님은 | 유명합니다 | 때문에 | 지루하기 |

3. _____

| 남자 친구가 | 늦습니다 | 학교에 | 요즘 |

4. _____

| 누가 | 이름을 | 수 | 없습니까 | 기억할 | 선생님의 |

5. _____

| 한국 사람은 | 김치를 | 밥과 | 먹습니다 | 함께 |

6. _____

| 저보다 | 그분은 | 잘 | 부릅니다 | 노래를 |

7. _____

| 저도 | 노래를 | 그 | 외울 | 빨리 | 있습니다 | 수 |

8. _____

Answers: (1) 저는 여자 친구와 함께 재미없는 이야기를 합니다. Or, 저는 재미없는 여자 친구와 함께 이야기를 합니다. (2) 그 바나나는 예쁘지만 맛이 없습니다. (3) 김 선생님은 지루하기 때문에 유명합니다. (4) 요즘 남자 친구가 학교에 늦습니다. Or 남자 친구가 요즘 학교에 늦습니다. (5) 누가 선생님의 이름을 기억할 수 없습니까? Or, 선생님의 이름을 누가 기억할 수 없습니까? (6) 한국 사람은 밥과 김치를 함께 먹습니다. Or 한국 사람은 김치를 밥과 함께 먹습니다. (7) 그 분은 저보다 노래를 잘 부릅니다. (8) 저도 그 노래를 빨리 외울 수 있습니다.

Answer the following questions by using 때문에 and conjugating the provided example.

Example

왜 볶음밥을 안 먹습니까? + 맛(이) 없다 → 볶음밥이 맛없기 때문에 안 먹습니다.

1. 왜 친구와 함께 놀이 공원에 가지 않습니까?

친구가 없다: _____ 때문에 놀이 공원에 함께 가지 않습니다.

113

Chapter 14: Negative Sentences

2. 왜 숙제를 안 합니까?

문제를 이해할 수 없다: _____ 때문에 숙제를 안 합니다.

3. 왜 그 가수를 모릅니까?

유명하지 않다: 그 가수가 _____ 때문에 모릅니다.

4. 왜 오늘 시간이 없습니까?

병원에 빨리 가고 싶다: _____ 때문에 오늘 시간이 없습니다.

Answers: (1) 친구가 없기 때문에 놀이 공원에 함께 가지 않습니다. (2) 문제를 이해할 수 없기 때문에 숙제를 안 합니다. (3) 그 가수가 유명하지 않기 때문에 모릅니다. (4) 병원에 빨리 가고 싶기 때문에 오늘 시간이 없습니다.

Connect each of the phrases in the left column with the most appropriate ending in the right column.

이야기가 정말 어렵습니다. 학생들이 •	• 없습니다.
학교에 일찍 갑니다. 친구들과 선생님이 교실에 •	• 아닙니다.
아주 많은 친구들과 파티를 합니다. 저는 •	• 이해할 수 없습니다.
그분은 한국 사람이 •	• 인기가 있습니다.

Answers: 이야기가 정말 어렵습니다. 학생들이 이해할 수 없습니다. / 학교에 일찍 갑니다. 친구들과 선생님이 교실에 없습니다. / 아주 많은 친구들과 파티를 합니다. 저는 인기가 있습니다. / 그분은 한국 사람이 아닙니다.

Complete the following sentences using the vocabulary words in the box.

수	않	없	안

1. 정말 파티에 ____ 갑니까?
2. 저는 파티를 그렇게 좋아하지 ____ 습니다.
3. 김 선생님의 이야기는 정말 재미가 ____ 습니다.
4. 저는 김 선생님의 이야기를 이해할 ____ 없습니다.

Answers: 안, 않, 없, 수

Create sentences using the given words and particles in order, conjugating where necessary, then translate the sentence.

몇	명	이 or 가	그	노래	을 or 를	외우다

_____

_____

Answer: 몇 명이 그 노래를 외웁니까? How many people are memorizing the song?

Negative Sentences

Chapter 14

Write the pronunciation of the following, applying sound change rules where necessary..

늦게	_____	압니다	_____
없다	_____	인기	_____
없습니다	_____	놉니다	_____

Answers: 늗께, 업따, 업씀니다, 암니다, 인끼, 놈니다

Translate the following sentences to Korean.

1. This is not an electric dictionary.

2. I am not a nice person.

3. I don't know their phone number.

4. I also know that teacher well.

5. I can't understand French.

6. The water isn't warm because it's raining.

7. That singer is unpopular, and not cool.

8. I'm learning tennis together with Mike.

Answers: **(1)** 이것은 전자 사전이 아닙니다. **(2)** 저는 친절한 사람이 아닙니다. **(3)** 그분의 전화번호를 모릅니다. **(4)** 저도 그 선생님을 잘 압니다. **(5)** 저는 프랑스어를 이해 할 수 없습니다. **(6)** 눈이 오기 때문에 물이 따뜻하지 않습니다. **(7)** 그 가수는 인기가 없고 멋이 없습니다. **(8)** 마이크 씨와 함께 테니스를 배웁니다.

Chapter 14: Negative Sentences

Translate the following sentences to English.

1. 지금 심심하기 때문에 친구와 함께 노래를 부릅니다.

2. 저는 선생님과 함께 노래를 부를 수 없습니다.

3. 그 가수는 노래를 아주 잘 부릅니다.

4. 저만 김 씨와 함께 중식을 요리할 수 있습니다.

5. 저는 파란색 셔츠를 입고 노래를 부릅니다.

6. 이 놀이 공원은 크지만 재미가 없습니다.

7. 김 선생님이 집에서 너무 늦게 나갑니다.

8. 날씨가 춥지 않기 때문에 해변에 친구들을 데려갑니다.

Answers: **(1)** Because I'm bored now, I sing a song together with my friend. **(2)** I can't sing a song together with the teacher. **(3)** That singer sings very well. **(4)** Only I can cook Chinese food together with Mr./Mrs. Kim. **(5)** I wear a blue shirt and sing a song. **(6)** This amusement park is big but it's not fun. **(7)** Mr./Mrs. Kim leaves from the house too late. **(8)** Because the weather isn't cold, I'll take my friends to the beach.

Negative Sentences

Chapter 14

Write the negative forms of the following verbs using the 지 않다 ending.

Example

갑니다 → 가지 않습니다

1. 나갑니다: _____
2. 가지고 옵니다: _____
3. 봅니다: _____
4. 공부를 합니다: _____

Answers: (1) 나가지 않습니다. (2) 가지고 오지 않습니다. (3) 보지 않습니다. (4) 공부를 하지 않습니다.

Complete the following sentences using the vocabulary words in the box.

| 지 않습니다 | 아닙니다 | 없는 | 지 않은 | 안 | 없습니다 | 모릅니다 | 없 |

1. 오늘 공부를 _____ 합니다.
2. 제가 친구와 함께 공원에 가고 싶지만 시간이 없기 때문에 갈 수 _____ 습니다.
3. 하고 싶 _____ .
4. 제 친구가 바쁜 사람이 _____ .
5. 제 친구는 지금 집에 _____ .
6. 저는 그 사람을 _____ .
7. 오늘 덥 _____ 날씨기 때문에 놀러 가고 싶습니다.
8. 맛 _____ 파스타를 먹고 싶지 않습니다.

Answers: 안, 없, 지 않습니다, 아닙니다, 없습니다, 모릅니다, 지 않은, 없는

Rewrite the following sentences, changing the underlined parts to negative forms.

1. 저는 김치를 <u>좋아합니다</u>.

_____

2. 저는 핸드폰이 없기 때문에 <u>전화를 할 수 있습니다</u>.

_____

3. 검정색 옷은 멋이 없기 때문에 <u>갖고 싶습니다</u>.

_____

4. 저는 당근을 <u>먹습니다</u>.

_____

Chapter 14 — Negative Sentences

5. 비싼 노트북을 <u>원합니다</u>.

Answers: **(1)** 안 좋아합니다. Or, 좋아하지 않습니다. **(2)** 전화를 할 수 없습니다. Or, 전화를 안 할 수 있습니다. **(3)** 안 갖고 싶습니다. Or, 갖고 싶지 않습니다. **(4)** 안 먹습니다. Or, 먹지 않습니다. **(5)** 원하지 않습니다.

Rewrite the following sentences, changing the underlined parts to their positive forms.

1. 한국말 공부를 <u>안 합니다</u>.

2. 저는 한국말을 <u>배울 수 없습니다</u>.

3. 저는 친구와 함께 영화를 <u>보러 가고 싶지 않습니다</u>.

4. 오늘 제가 친구를 안 만나고 <u>놀러 가지 않습니다</u>.

5. 저의 친구는 노래를 잘 <u>부를 수 없습니다</u>.

Answers: **(1)** 합니다. **(2)** 배울 수 있습니다. **(3)** 보러 가고 싶습니다. **(4)** 놀러 갑니다. **(5)** 부를 수 있습니다.

Match each sentence to the most appropriate drawing, then translate it..

a.   b.    c.    d.

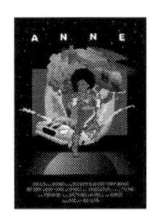

e.    f.

Negative Sentences

1. 비가 오기 때문에 오늘 안 나갑니다.

2. 그 영화를 왜 볼 수 없습니까?

3. 사과가 맛이 없습니다.

4. 저는 닭을 먹지 않습니다.

5. 유럽에 꼭 가고 싶습니다.

6. 운전을 잘할 수 없습니다.

Answers: **(1)** (c) Because it's raining, I won't go out today. **(2)** (d) Why can't you see that movie? **(3)** (a) Apples don't taste good. **(4)** (e) I don't eat chicken. **(5)** (f) I certainly want to go to Europe. **(6)** (b) I can't drive well.

Track # 17

Listen to the audio track and write down what you hear, then translate it.

Answers: 아니요. 저는 그분을 기다릴 수 없습니다. 시간이 없습니다. No. I can't wait for him. I don't have time.

Chapter 14
Negative Sentences

Korean Markers

Chapter 15

Circle the most appropriate marker for each of the following sentences.

그 친구는 취미 **이 가 을 를** 어떻게 됩니까?
저의 취미 **은 는 을 를** 요리입니다.
치과 의사의 가족 **이 가 을 를** 어떻게 됩니까?
볶음밥 **이 가** 아주 맛있습니다.
이 가게 이름 **은 는 을 를** 어떻게 됩니까?
저는 이곳의 고등어 **이 가 을 를** 좋아합니다.

Answers: 가, 는, 이, 이, 은, 를

Circle the most appropriate marker for each of the following nouns.

1. 한국 사람   **이 가**
2. 학교   **이 가**
3. 김치   **을 를**
4. 집   **을 를**
5. 친구   **은 는**
6. 경찰   **은 는**

Answers: 이, 가, 를, 을, 는, 은

Complete the following dialogues using the words in the box.

최고	약국	낚시	하지만	취미

철수: 맛이 있습니까?
영희: 아니요. 이 돼지고기는 최악입니다. _____ 생선 요리는 이곳이 정말 맛있습니다.

철수: 누가 인기가 있습니까?
영희: 김철수 씨가 인기가 _____ 입니다.

철수: 초밥을 좋아합니까?
영희: 아니요. 저는 _____ 가 취미지만 초밥을 싫어합니다.

철수: 여기 사장이 지금 있습니까?
영희: 제가 이 _____ 의 사장입니다.

철수: 취미가 있습니까?
영희: 네. 저의 _____ 는 운동과 독서 입니다.

Answers: 하지만, 최고, 낚시, 약국, 취미

121

Chapter 15: Korean Markers

Create sentences using the given words and particles in order, conjugating where necessary, then translate each sentence.

| 그 | 치과 의사 | 은 or 는 | 정말 | 최악 | 이다 |

1. _____

| 마이크 씨의 선물 | 은 or 는 | 지갑 | 이 or 가 | 최고 | 이다 |

2. _____

| 저의 | 취미 | 은 or 는 | 여행이다 | 때문에 | 아르바이트 | 을 or 를 | 하다 |

3. _____

| 요즘 | 친구 | 과 or 와 | 함께 | 운동(을) 하다 | 때문에 | 바쁘다 |

4. _____

| 고등어 | 은 or 는 | 등 | 이 or 가 | 파랗다 | 생선 | 이다 |

5. _____

| 약 | 을 or 를 | 먹다 | 때문에 | 지금 | 안 | 아프다 |

6. _____

Answers: **(1)** 그 치과 의사는 정말 최악입니다. That dentist is really the worst. **(2)** 마이크 씨의 선물은 지갑이 최고입니다. For Mike's present, a wallet is best. **(3)** 저의 취미는 여행이기 때문에 아르바이트를 합니다. Because my hobby is traveling, I work a part time job. **(4)** 요즘 친구와 함께 운동을 하기 때문에 바쁩니다. Because these days I exercise together with my friend, I'm busy. **(5)** 고등어는 등이 파란 생선입니다. The mackerel is a fish whose back is blue. **(6)** 약을 먹기 때문에 지금 안 아픕니다. Because I take (eat) medicine, now I am not sick.

Korean Markers

Chapter 15

Write the pronunciation of the following, applying sound change rules where necessary..

언어 _____   독서 _____

어떻게 됩니까 _____   낚시 _____

Answers: 어너, 어떠케 됨니까, 독써, 낙씨

Translate the following sentences to Korean.

1. My name is Billy.

2. Do you like computers?

3. I want to go to see a movie today.

4. I want to meet a handsome man.

5. I can study at school, but I can't study at home.

Answers: (1) 저는 빌리라고 합니다. (2) 컴퓨터를 좋아합니까? (3) 제가 오늘 영화를 보러 가고 싶습니다. (4) 저는 잘생긴 남자를 만나고 싶습니다. (5) 저는 학교에서 공부할 수 있지만 집에서 공부할 수 없습니다.

Translate the following sentences to English.

1. 저는 수학을 싫어합니다. 하지만 언어학은 좋아합니다.

2. 저도 취미가 낚시입니다.

3. 김 선생님은 잘생기고 키가 큽니다.

4. 마크 씨가 오늘 왜 공부합니까?

Korean Markers

Chapter 15

  5. 새로운 사람들을 식당에서 만나고 싶습니다.

Answers: **(1)** I dislike math. But I like linguistics. **(2)** My hobby is also fishing. **(3)** Mr. Kim is handsome and tall. **(4)** Why is Mark studying today? **(5)** I want to meet new people at a restaurant.

Translate the following sentences using 어떻게 됩니까 to English.

  1. 선생님은 키가 어떻게 됩니까?

  2. 그 경찰관은 나이가 어떻게 됩니까?

  3. 그 식당의 전화번호가 어떻게 됩니까?

  4. 요즘 비행기표 가격이 어떻게 됩니까?

  5. 영희 씨의 집 주소가 어떻게 됩니까?

  6. 그 컴퓨터 게임의 이름이 어떻게 됩니까?

Answers: **(1)** How tall are you, teacher? **(2)** How old is that policeman? **(3)** What is that restaurant's phone number? **(4)** What is the price of a plane ticket these days? **(5)** What is Yung-hee's home address? **(6)** What is the name of that computer game?

Translate the following sentences to Korean using the Topic Marker (은 or 는) where appropriate.

  1. As for Mr. Choi, he likes cats and dogs.

  2. As for me, I want to study at the library.

  3. When it comes to fish, it's delicious.

Korean Markers

Chapter 15

4. As for Chul-soo, he dislikes milk. But as for me, I really like it.

Answers: (1) 최 씨는 고양이와 개를 좋아합니다. (2) 저는 도서관에서 공부하고 싶습니다. (3) 생선은 맛이 있습니다. (4) 철수 씨는 우유를 싫어합니다. 하지만 저는 정말 좋아합니다.

Practice introducing yourself to 철수 *above (or with a partner if you have one). Ask each other's name, age, and hobbies. Then respond accordingly.*

Example

A: 안녕하세요.
B: 안녕하세요.
A: 이름이 어떻게 됩니까?
B: 저는 빌리라고 합니다.
A: 나이가 어떻게 됩니까?
B: 저는 32 살입니다.
A: 취미가 어떻게 됩니까?
B: 저의 취미는 언어학과 컴퓨터 게임입니다. 만나서 반갑습니다.
A: 만나서 반갑습니다.

Chapter 15: Korean Markers

Translate the following sentences to Korean using the particle 에 or 에서.

1. Where will you eat at today?

___

2. My house is in Korea.

___

3. I want to see a movie at the movie theater.

___

4. Do you want to go to America?

___

5. Do you live in Korea?.

___

6. Can you swim in the ocean?

___

7. I really want to go to Korea tomorrow.

___

8. Do you want to study Korean at the library?

___

9. Do you learn fishing at the lake?

___

10. I can't exercise at home.

___

11. And I don't want to exercise here.

___

12. My cat is at a friend's house today.

___

Korean Markers

Chapter 15

Answers: **(1)** 오늘 어디(에)서 (밥을) 먹습니까? **(2)** 저의 집은 한국에 있습니다. **(3)** 영화관에서 영화를 보고 싶습니다. **(4)** 미국에 가고 싶습니까? **(5)** 한국에(서) 삽니까? **(6)** 바다에서 수영할 수 있습니까? **(7)** 저는 내일 한국에 정말 가고 싶습니다. **(8)** 도서관에서 한국말을 공부하고 싶습니까? **(9)** 호수에서 낚시를 배웁니까? **(10)** 저는 집에서 운동할 수 없습니다. **(11)** 그리고 여기에서 운동하고 싶지 않습니다. **(12)** 오늘 제 고양이가 친구의 집에 있습니다.

Match each sentence to the most appropriate drawing, then translate it..

a.   b. 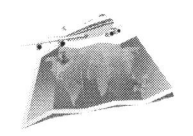   c.    d.

e.    f.

1. 저는 독서를 좋아합니다. 영희 씨는 음악을 좋아합니다.

2. 그 경찰관은 멋이 있습니다.

3. 제가 지금 세계를 여행합니다.

4. 마이크 씨의 역할이 어떻게 됩니까?

5. 운동을 안 좋아하지만 독서는 좋아하고 재미있습니다.

6. 저는 키가 작지만 친절합니다.

Answers: **(1)** (c) I like reading. Yung-hee likes music. **(2)** (e) As for that policeman, he's cool. **(3)** (b) Now I am traveling the world. **(4)** (d) What is Mike's (acting) role? **(5)** (a) I don't like exercise, but I like reading, and it's fun. **(6)** (f) I am short, but nice.

Chapter 15

Korean Markers

Track # 18

Listen to the audio track and write down what you hear, then translate it.

___

___

___

___

Answers: 저는 김철수라고 합니다. 바닷가에 집이 있습니다. 수영이 취미입니다. 바닷가에서 수영합니다. 선생님은 취미가 어떻게 됩니까? I have a house on the beach. My name is Kim Chul-soo. Swimming is my hobby. I swim at the beach. What is your hobby, teacher?

Telling Time

Chapter 16

Match the following descriptions to their seasons.

눈이 오고 날씨가 춥습니다. • • 여름

정말 덥고 해가 너무 강합니다. • • 가을

꽃을 많이 볼 수 있습니다. 지금부터 날씨가 따뜻합니다. • • 겨울

나무 색깔이 정말 예쁩니다. • • 봄

Answers: 겨울, 여름, 봄, 가을

Complete the following dialogues using the words in the box.

| 오전 11 시 | 며칠 | 핸드폰 | 오후 1 시 | 괜찮습니다 | 몇 시 | 하루 |

철수: 지금이 몇 시입니까?

영희: 미안합니다. 저는 _____ 이 없습니다.

철수: 내일 오후 비행기를 타고 미국에 갑니다.

영희: 그렇습니까? 내일이 _____ 입니까?

철수: 저도 모릅니다.

철수: 이 스테이크가 아주 맛있습니다. 스테이크를 더 먹고 싶습니까?

영희: _____ . 배가 그렇게 고프지 않습니다.

철수: 그럼 안녕히 가세요.

영희: 네. 좋은 _____ 되세요.

철수: 내일은 제가 티파니와 결혼합니다. 많은 선물을 기대합니다.

영희: 결혼을 _____ 에 어디에서 합니까? 제가 꼭 가고 싶습니다.

철수: 내일 _____ 부터 _____ 까지 합니다.

Answers: 핸드폰, 며칠, 괜찮습니다, 하루, 몇 시, 오전 11 시, 오후 1 시

Arrange the following times in order, from earlier to later in the day.

| 아침 여덟 시 | 오전 열 한 시 반 | 새벽 여섯 시 | 저녁 일곱 시 | 오전 열 시 | 오후 다섯 시 |

Answers: 새벽 여섯 시, 아침 여덟 시, 오전 열 시, 오전 열 한 시 반, 오후 다섯 시, 저녁 일곱 시

Chapter 16: Telling Time

Create sentences using the given words and particles in order, conjugating where necessary, then translate each sentence.

| 저 | 은 or 는 | 새벽에 | 생선 가게에서 | 아르바이트 | 을 or 를 | 하다 |

1. _____

| 다음 주에 | 유럽에 | 여행을 가다 | 때문에 | 좋다 | 날씨 | 을 or 를 | 기대(를) 하다 |

2. _____

| 제 | 여자 친구 | 은 or 는 | 아침에 | 오랫동안 | 준비(를) 하다 |

3. _____

| 저 | 은 or 는 | 겨울 | 동안 | 수영 | 을 or 를 | 안 하다 |

4. _____

| 이렇다 | 컴퓨터 게임 | 을 or 를 | 한 번 더 | 하고 싶다 |

5. _____

Answers: (1) 저는 새벽에 생선 가게에서 아르바이트를 합니다. I work part-time at a fish store after midnight. (2) 다음 주에 유럽에 여행을 가기 때문에 좋은 날씨를 기대합니다. Because I'll travel to Europe next week, I'm expecting good weather. (3) 제 여자 친구는 아침에 오랫동안 준비를 합니다. My girlfriend prepares for a long time in the morning. (4) 저는 겨울 동안 수영을 안 합니다. I don't swim for the winter. (5) 이런 컴퓨터 게임을 한 번 더 하고 싶습니다. I want to play this kind of computer game once more.

Write the pronunciation of the following, applying sound change rules where necessary..

목요일 _____   여섯 시 _____
몇 년 _____   오랫동안 _____
중국어 _____   삼십 년 _____
십 분 _____   몇 달 _____

Telling Time

Chapter 16

Answers: 모교일, 면년, 중구거, 십분, 여서씨, 오래똥안, 삼십년, 몓딸

Circle the most appropriate word for each of the following sentences.

저는 언어를 좋아합니다. 이번 달에 **일본어 일본인** 를 공부합니다.

저는 아침에 늦게 일어납니다. **요즘 새벽 7 시   오전 11 시** 에 일어납니다.

파란색 **날   달** 은 드뭅니다.

저는 추운 날을 싫어합니다. 하지만 **여름 가을** 은 좋아합니다.

택시는 비쌉니다. 그래서 금요일 **밤에만   다시** 택시를 탑니다.

오늘은 금요일이기 때문에 손님이 많습니다. 내일은 **토요일   일요일** 입니다.

다음 달에 해변에 놀러 갑니다. 날씨가 이미 따뜻합니다. 다음 달은 **6 월   12 월** 입니다.

Answers: 일본어, 오전 11 시, 달, 가을, 밤에만, 토요일, 6 월

Arrange the following words in order to create correct times, then translate them.

아침	이	일곱	분	시

1. _____

시	오	새벽	세	십	분

2. _____

반	시	세	오후

3. _____

열	저녁	분	십	한	시	사

4. _____

Answers: (1) 아침 일곱 시 이 분. 7:02 in the morning. (2) 새벽 세 시 오십 분. 3:50 past midnight. (3) 오후 세 시 반. 3:30 pm. (4) 저녁 열 한 시 사십 분. 11:40 at night.

Chapter 16

Telling Time

Connect each clock in the left column with its time on the right.

- 세 시 반
- 열 두 시
- 두 시 십오 분
- 여섯 시 반

Answers: 두 시 십오 분, 세 시 반, 열 두 시, 여섯 시 반

Connect each day of the week in the left column with its definition in the right column.

Monday •	• 목요일
Tuesday •	• 수요일
Wednesday •	• 토요일
Thursday •	• 월요일
Friday •	• 일요일
Saturday •	• 금요일
Sunday •	• 화요일

Answers: 월요일, 화요일, 수요일, 목요일, 금요일, 토요일, 일요일

Say the current time that it is right now where you are. Write your answer phonetically using 한글.

Example

지금은 <u>오전</u> <u>열</u> <u>한</u> 시 <u>오</u> <u>분</u> 입니다.

Translate the following dates into Korean. Write your answers using 한글.

April 30th	:
September 12th	:
October 28th, 2015	:
June 15th, 1986	:

Telling Time

Chapter 16

Answers: 사월 삼십 일, 구월 십이 일, 이천 십오 년 시월 이십 팔 일, 천 구백 팔십 육 년 유월 십오 일

Translate the following sentences to Korean.

1. Last week and this week are really busy.

2. I'll eat dinner from now.

3. From tomorrow I'll study Chinese in the library.

4. 2 police will come here at 10 o'clock.

5. I want to look at this mirror for only 30 seconds.

6. I study Korean for 10 days.

7. But I want to study for 10 years.

8. I really miss my girlfriend.

9. I really want to see this movie.

10. I want to study for 1 hour today.

Answers: **(1)** 지난 주와 이번 주는 정말(로) 바쁩니다. **(2)** 저는 지금부터 저녁을 먹습니다. **(3)** 내일부터 도서관에서 중국어를 공부합니다. **(4)** 경찰 2 명이 10 시에 여기로 옵니다. **(5)** 이 거울을 30 초 동안만 보고 싶습니다. **(6)** 저는 십 일 동안 한국어를 공부합니다. Or, 저는 한국어를 십 일 동안 공부합니다. **(7)** 하지만 십 년 동안 공부하고 싶습니다. **(8)** 여자 친구가 정말 보고 싶습니다. **(9)** 이 영화를 정말 보고 싶습니다. **(10)** 오늘 한 시간 동안 공부하고 싶습니다.

Chapter 16: Telling Time

Translate the following sentences to English.

1. 오늘 새벽 1 시에 10 분 동안 빨간색 달을 볼 수 있습니다.

2. 이 숙제는 다음 주 월요일 저녁 6 시 30 분에 다시 합니다.

3. 5 월 4 일이 무슨 요일입니까?

4. 정오는 몇 시입니까?

5. 몇 년이 필요합니까?

6. 저는 지금부터 새벽 3 시까지 일하고 싶지 않습니다.

7. 저는 한국어를 이틀 동안 배우고 싶습니다.

8. 친구와 함께 서울까지 기차를 타고 여행을 갑니다. 저만 이 여행을 기대합니다.

9. 요즘 남자 친구가 요리 방송을 보고 요리를 공부합니다. 맛있는 음식을 기대합니다.

10. 하루만 더 주세요. 제가 더 잘할 수 있습니다.

Answers: **(1)** Today after midnight at 1:00 AM I can see a red moon for 10 minutes. **(2)** As for this homework, I'll do it again next week on Monday evening at 6:30 PM. **(3)** What day (of the week) is May 4th? **(4)** What time is noon? **(5)** How many years do you need? **(6)** I don't want to work from now until 3 o'clock in the morning. **(7)** I want to study Korean for two days. **(8)** I'll take a train and travel to Seoul together with a friend. Only I am looking forward to this trip. **(9)** Lately my boyfriend is watching cooking broadcasts and studying cooking. I'm looking forward to delicious food. **(10)** Give me only one more day. I can do it better.

Telling Time

Chapter 16

Match each of the phrases in the left column with its definition in the right column.

몇 시입니까? •	• I miss you.
며칠입니까? •	• What time is it?
무슨 요일입니까? •	• Have a nice day.
괜찮습니다. Or, 아니에요. •	• You're welcome.
천만에요. •	• What day (of the week) is it?
좋은 아침입니다. •	• Good morning.
좋은 하루 되세요. •	• No, thank you.
보고 싶습니다. •	• What day (of the month) is it?

Answers: 몇 시입니까? What time is it? / 며칠입니까? What day (of the month) is it? / 무슨 요일입니까? What day (of the week) is it? / 괜찮습니다. Or, 아니에요. No, thank you. / 천만에요. You're welcome. / 좋은 아침입니다. Good morning. / 좋은 하루 되세요. Have a nice day. / 보고 싶습니다. I miss you.

Match each sentence to the most appropriate drawing, then translate it..

a.   b.    c.    d.

e.    f.

1. 오후 1 시부터 3 시까지 그림을 그립니다.

_____

2. 저는 자전거를 잘 탈 수 없기 때문에 지하철과 버스를 타고 일하러 갑니다.

_____

3. 정오에 남자 친구와 함께 점심을 요리 합니다.

_____

Telling Time

Chapter 16

4. 지난 달과 이번 달은 너무 바쁩니다. 지금 열차를 타고 한국에서 여행하고 싶습니다.

_____

5. 오전 8 시에 15 분 동안 거실에서 우유와 빵을 먹습니다.

_____

6. 십일월까지 시간이 없습니다. 오늘도 일합니다. 2018 년은 아주 바쁜 해입니다.

_____

Answers: **(1)** (c) I will draw (a drawing) from 1 o'clock PM until 3 o'clock. **(2)** (f) Because I can't ride a bike well, I ride the subway and bus and go to work. **(3)** (b) At noon I will cook lunch together with my boyfriend. **(4)** (d) Last month and this month are too busy. Now I want to take a train and travel in Korea. 2018 is a very busy year. **(5)** (a) At 8 o'clock AM for 15 minutes I will drink milk and eat bread in the living room. **(6)** (e) I don't have time until December. I work today too.

Track # 19

Listen to the audio track and write down what you hear, then translate it.

_____

_____

_____

_____

_____

Answers: 다음 달은 몇 월입니까? 저는 일월부터 육 개월 동안 바쁩니다. 칠월까지 너무 바쁩니다. 그래서 이월과 삼월에도 바쁩니다. 하지만 오월에 일주일 동안 시간이 있습니다. 그리고 팔월에 시간이 많이 있습니다. What month is next month? I am very busy for 6 months from January. I'm too busy until July. So I am busy in February and March too. But I have time for 1 week in May. And in August I have a lot of time.

Shopping

Chapter 17

Connect each of the phrases in the left column with the most appropriate ending in the right column.

저는 파란색 종이가 없습니다. 친구 •   • 에게서 고등어를 삽니다.
친구가 미국에서 삽니다. 친구 •   • 에게서 한 장을 빌립니다.
김 선생님이 생선을 팝니다. 김 선생님 •   • 에게 숙제를 물어봅니다.
숙제를 모릅니다. 친절한 친구 •   • 에게 편지를 보냅니다.

Answers: 저는 파란색 종이가 없습니다. 친구에게서 한 장을 빌립니다. / 친구가 미국에서 삽니다. 친구에게 편지를 보냅니다. / 김 선생님이 생선을 팝니다. 김 선생님에게서 고등어를 삽니다. / 숙제를 모릅니다. 친절한 친구에게 숙제를 물어봅니다.

Complete the following dialogues using the words in the box.

사용	목표	주세요	에게서	15 불

A: 그 시계가 얼마입니까?
B: _____ 입니다.

A: 거울이 정말 깨끗합니다.
B: 고맙습니다. 저는 샴푸를 거울에 _____ 합니다.

A: 무엇을 주문하고 싶습니까?
B: 네. 우유와 햄버거를 _____ .

A: 저는 철수 씨를 좋아합니다. 철수 씨는 친구가 많습니다. 그래서 저는 철수 씨의 인기가 부럽습니다.
B: 저도 철수 씨 _____ 많이 배웁니다. 저도 부럽습니다.

A: 무엇이 되고 싶습니까?
B: 저는 의사가 _____ 입니다.

Answers: 15 불, 사용, 주세요, 에게서, 목표

Create sentences using the given words and particles in order, conjugating where necessary, then translate each sentence.

껌	을 or 를	조금	더	씹고 싶다

1. _____
_____

Chapter 17: Shopping

| 저 | 은 or 는 | 집 | 을 or 를 | 사다 | 때문에 | 이 가게에서 | 새롭다 | 침대 | 을 or 를 | 주문(을) 하다 |

2. _____

| 다음 주에 | 여행 | 을 or 를 | 하다 | 때문에 | 지금 | 여행 | 을 or 를 | 계획(을) 하다 |

3. _____

| 친구 | 이 or 가 | 설거지 | 을 or 를 | 하다 | 때문에 | 저는 | 빨래 | 을 or 를 | 하다 |

4. _____

Answers: **(1)** 껌을 조금 더 씹고 싶습니다. I want to chew a little more gum. **(2)** 저는 집을 사기 때문에 이 가게에서 새로운 침대를 주문합니다. Because I'll buy a house, I'll order a new bed from this store. **(3)** 다음 주에 여행을 하기 때문에 지금 여행을 계획합니다. Because I'll travel next week, I'm planning a trip. **(4)** 친구가 설거지를 하기 때문에 저는 빨래를 합니다. Because my friend does the dishes, I'll do the laundry.

❓ *Write the pronunciation of the following, applying sound change rules where necessary..*

결정 _____   놓다 _____
10 불 8 전 _____   깎아주세요 _____
쪽지 _____   씻다 _____

Answers: 결쩡, 십뿔 팔쩐, 쪽찌, 노타, 까까주세요, 씯따

❓ *Translate the following sentences to Korean.*

1. Please use this pen.

_____

2. Please come in quickly.

_____

3. Please sell that to me.

_____

Shopping

Chapter 17

4. I'll send a red bag to the teacher.

5. How is Mr. Kim's friend? Do you like him?

6. How is Mrs. Kim's friend doing?

7. Excuse me, but can I wash up here?

Answers: (1) 이 펜을 쓰세요. (2) 빨리 들어오세요. (3) 그것을 저에게 파세요. (4) 저는 선생님에게 빨간색 가방을 보냅니다. (5) 김 씨의 친구가 어떻습니까? 좋아합니까? (6) 김 씨의 친구가 어떻게 지내세요? Or, 김 씨의 친구는 어떻게 지내세요? (7) 실례(하)지만 제가 여기에서 세수할 수 있습니까?

Translate the following sentences to Korean.

1. 여기요. 김치와 물을 더 주세요.

2. 프로 축구 선수가 되고 싶습니다.

3. 수영장에서 담배는 안 됩니다.

4. 이것을 조금 깎아주세요.

5. 이것은 제가 결정합니다.

6. 이것은 어떻습니까?

7. 선생님만 그 대답을 알고 도와줄 수 있습니다.

Shopping

8. 프로 농구 선수에게 메시지를 보냅니다.

Answers: **(1)** Excuse me. Please give me more kimchi and water. **(2)** I want to be a professional soccer (football) player. **(3)** Cigarettes aren't okay at the swimming pool. **(4)** Please give me a discount on this. **(5)** I'll decide this. **(6)** How is this? **(7)** Only the teacher knows that answer and can help. **(8)** I'll send a message to a professional basketball player.

Translate the following sentences to Korean using 되다 and 안 되다.

1. 안 됩니다. 오늘 시간이 없습니다.

2. 저에게 돈을 많이 줄 수 있습니까? 정말 됩니까?

3. 프로 선수가 되고 싶지만 운동을 할 수 없습니다.

4. 저는 의사가 될 수 없습니다. 성적이 조금 낮습니다.

5. 요즘 컴퓨터가 안 됩니다. 너무 느립니다.

6. 이 프로그램이 잘 됩니다. 빠르고 좋습니다.

Answers: **(1)** It's not okay. Today there's no time. **(2)** You can give me a lot of money? Is it really okay? **(3)** I want to be a professional athlete, but I can't exercise. **(4)** I can't be(come) a doctor. My grades are a little low. **(5)** These days my computer doesn't work. It's too slow. **(6)** This program works well. It's fast and good.

Circle the most appropriate word for each of the following sentences.

친구　**에게**　에게서　칫솔과 치약을 가지고 갑니다.
직원　**에게**　에게서　주문을 합니다.
오늘 남자 친구　에게　**에게서**　편지가 옵니다.
다음 주에 친구　에게　**에게서**　빨갛고 파란 그림을 받습니다.

Answers: 에게, 에게, 에게서, 에게서

Shopping

Chapter 17

Write the following Pure Korean numbers phonetically in Korean.

1. $1.01   _____
2. $8.10   _____
3. $1.50   _____
4. $12.03   _____
5. $0.25   _____
6. $200   _____
7. $99.99   _____

Answers: (1) 일 불 일 전, (2) 팔 불 십 전, (3) 일 불 오십 전, (4) 십이 불 삼 전, (5) 이십 오 전, (6) 이백 불, (7) 구십 구 불 구십 구 전

Change the following verbs into polite commands using the (으)세요 form, then translate it.

Example

저의 집에 오다 → 저의 집에 오세요. Please come to my house.

1. 내일 일찍 일어나다

_____

_____

2. 조금 더 기다리다

_____

_____

3. 1 시간 동안 한국어를 연습하다

_____

_____

4. 지금부터 조금 더 노력하다

_____

_____

Chapter 17

Shopping

5. 남자 친구에게 편지를 쓰다

_____

_____

6. 집에 들어가고 샤워를 하다

_____

_____

7. 친구에게 선물을 주다

_____

_____

8. 많이 팔다

_____

_____

Answers: **(1)** 내일 일찍 일어나세요. Please wake up early tomorrow. **(2)** 조금 더 기다리세요. Please wait a little more. **(3)** 1 시간 동안 한국어를 연습하세요. Please practice Korean for 1 hour. **(4)** 지금부터 조금 더 노력하세요. Please try a little more from now. **(5)** 남자 친구에게 편지를 쓰세요. Please write a letter to your boyfriend. **(6)** 집에 들어가고 샤워를 하세요. Please go in the house and take a shower. **(7)** 친구에게 선물을 주세요. Please give a present to your friend. **(8)** 많이 파세요. Please sell a lot.

Choose whether to use 에서 and 까지, 부터 and 까지, or 에게서 and 에게 for each of the following sentences.

1. 친구 _____ 질문을 듣고 다른 친구 _____ 물어볼 수 있습니다.
2. 친구의 집 _____ 도서관 _____ 자전거를 타고 갈 수 있습니다.
3. 지금 _____ 내일 _____ 한국어를 공부하고 싶습니다.
4. 학교 _____ 저기 _____ 걸어갑니다.
5. 철수 씨 _____ 선물을 받고 영희 씨 _____ 줍니다.
6. 김 선생님의 농구 팀 _____ 좋은 것들을 많이 배웁니다. 그것들을 저의 학생들 _____ 나눌 수 있습니다.
7. 저는 정말 1 시 _____ 3 시 _____ 기다리고 싶지 않습니다.

Answers: **(1)** 에게서 & 에게, **(2)** 에서 & 까지, **(3)** 부터 & 까지, **(4)** 에서 & 까지, **(5)** 에게서 & 에게, **(6)** 에게서 & 에게, **(7)** 부터 & 까지

Shopping

Chapter 17

Practice asking 철수 above (or with a partner if you have one) and answering the following questions.

1. 무엇이 되고 싶습니까?

_____

2. 어떤 사람이 되고 싶습니까?

_____

3. 요즘 학교가 어떻습니까?

_____

Examples: **(1)** 저는 선생님이 되고 싶습니다. **(2)** 저는 행복한 사람이 되고 싶습니다. **(3)** 재미(가) 있습니다.

Match each sentence to the most appropriate drawing, then translate it..

a.　　　　　b. 　　　　　c. 　　　　　d.

　　　　　e. 　　　　　f.

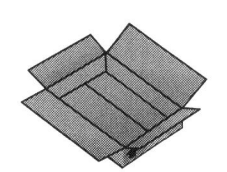

1. 여기에 꽃을 놓으세요.

_____

2. 빨리 쓰레기를 버리세요.

_____

143

Shopping

Chapter 17

3. 과일과 채소를 많이 사세요.

4. 실례지만, 지금 대답하세요. 우리는 시간이 없습니다.

5. 실례합니다. 이것도 그 상자에 넣으세요. 감사합니다.

6. 저기요! 제가 주문하고 싶습니다.

Answers: **(1)** (c) Please put the flowers down here. **(2)** (e) Please throw away the trash quickly. **(3)** (a) Please buy a lot of fruits and vegetables. **(4)** (b) Excuse me, but please answer now. We don't have time. **(5)** (f) Excuse me. Please put this in that box too. Thank you. **(6)** (d) Excuse me! I want to order.

Track # 20

Listen to the audio track and write down what you hear, then translate it.

Answers: 한국어를 잘하고 싶습니다. 그래서 지금 공부 계획을 만듭니다. 많은 노력이 필요합니다. 연습을 많이 하고 싶습니다. 하지만 지금 빨래와 설거지도 많습니다. 오늘 빨래와 설거지를 하고 공부를 합니다. I want to speak Korean well. So now I'm making a study plan. It will require a lot of effort. I want to practice a lot. How now there's a lot of laundry and dirty dishes. Today I'll do the laundry and the dishes, and study.

Relationships

Chapter 18

Complete the following dialogue using the vocabulary words in the box.

동생	2 살	관계	차이	조금

승원: 안녕하세요. 희진 씨가 여기에 있습니까?

만기: 희진 씨와 _____ 가 어떻게 됩니까?

승원: 저는 희진 씨의 _____ 입니다.

만기: 정말입니까? 그럼 희진 씨와 나이 _____ 가 어떻게 됩니까?

승원: _____ 입니다.

만기: 그럼 _____ 기다리세요. 희진 씨가 지금 옵니다.

Answers: 관계, 동생, 차이, 2 살, 조금

Create your own sentences using the words below, then translate them.

아빠	엄마	할머니 or 할아버지	언니 or 누나	오빠 or 형	동생	이모	고모	삼촌	사촌	조카

1. 저는 _____ (을 or 를) 좋아합니다.

   _____

2. 저는 _____ (과 or 와) 이야기를 많이 합니다.

   _____

3. 저는 _____ (이 or 가) 부럽습니다.

   _____

4. 저는 _____ (과 or 와) 함께 여행을 하고 싶습니다.

   _____

5. 저는 _____ (을 or 를) 보고 싶습니다.

   _____

6. 저는 _____ 의 전화번호를 모릅니다.

   _____

Chapter 18: Relationships

Examples: (1) I like ____ . (2) I talk a lot with ____ . (3) I am jealous of ____ . (4) I want to travel together with ____ . (5) I want to see ____ . (6) I don't know ____ 's phone number.

Rearrange the words in the boxes to form complete sentences.

치과	의사	당신도	입니까

1. _____

많이	저는	걱정합니다	때문에	부모님

2. _____

운동을	어떤	그쪽은	합니까

3. _____

예쁜	2 명	딸이	저는	있습니다

4. _____

남동생이	그분의	친절합니다	정말

5. _____

빨간	차는	3 천만 원	고모의	입니다

6. _____

귀여운	아이는	저의	아들	입니다	저기

7. _____

오늘	독일에서	한국에	증조할아버지가	도착합니다

8. _____

Answers: (1) 당신도 치과 의사 입니까? (2) 저는 부모님 때문에 많이 걱정합니다. (3) 그쪽은 어떤 운동을 합니까? (4) 저는 예쁜 딸이 2 명 있습니다. (5) 그분의 남동생이 정말 친절합니다. (6) 고모의 빨간 차는 3 천만 원입니다. (7) 저기 귀여운 아이는 저의 아들 입니다. (8) 증조할아버지가 오늘 독일에서 한국에 도착합니다. Or, 오늘 증조할아버지가 독일에서 한국에 도착합니다.

Relationships

Chapter 18

Connect each of the phrases in the left column with the most appropriate ending in the right column.

저의 가족은 대가족이 아닙니다. 하지만 제 친구의 가족은 대가족입니다. 저는	없습니다.
저는 내일 결혼합니다. 친구들이 저의 결혼을	웃습니다.
저는 심장이 아프기 때문에 병원에 있습니다. 하지만 우리 어머니는	축하합니다.
저는 저의 아내를 사랑합니다. 아내에게 행복을	약속합니다.
저의 남편은 오늘부터 다음 주까지 바쁘기 때문에 우리 손녀와 손자를 만날 수	부럽습니다.
우리 아기 덕분에 삶이 아주 행복하고 좋습니다. 우리는 많이	건강합니다.

Answers: 저의 가족은 대가족이 아닙니다. 하지만 제 친구의 가족은 대가족입니다. 저는 부럽습니다. / 저는 내일 결혼합니다. 친구들이 저의 결혼을 축하합니다. / 저는 심장이 아프기 때문에 병원에 있습니다. 하지만 우리 어머니는 건강합니다. / 저는 저의 아내를 사랑합니다. 아내에게 행복을 약속합니다. / 저의 남편은 오늘부터 다음 주까지 바쁘기 때문에 우리 손녀와 손자를 만날 수 없습니다. / 우리 아기 덕분에 삶이 아주 행복하고 좋습니다. 우리는 많이 웃습니다.

Complete the following dialogues using the words in the box.

오빠	마흔	축하합니다	놀이 공원

A: 그분은 나이가 어떻게 됩니까?
B: 그분은 _____ 살입니다.
A: 저의 언니는 대학교에서 그림을 그립니다.
B: 저의 _____ 도 대학교에서 그림을 그립니다.
A: 내일 학교에 여동생을 데리고 갑니다.
B: 저는 내일 _____ 에 여동생을 데리고 갑니다.
A: 저의 이모가 다음 달에 결혼을 합니다.
B: _____ . 정말 좋습니다.

Answers: 마흔, 오빠, 놀이 공원, 축하합니다

Create sentences using the given words and particles in order, conjugating where necessary, then translate each sentence.

우리	형	은 or 는	여자 친구	을 or 를	찾다

1. _____

Chapter 18

Relationships

오늘	그녀의	부모님	과 or 와	증조할머니	을 or 를	만나다

2. _____

저의	할아버지	과 or 와	할머니	은 or 는	한식	을 or 를	좋아하다

3. _____

삶	과 or 와	죽음	은 or 는	어렵다	주제	이다

4. _____

Answers: **(1)** 우리 형은 여자 친구를 찾습니다. My older brother is looking for a girlfriend. **(2)** 오늘 그녀의 부모님과 증조할머니를 만납니다. Today I meet her parents and great grandmother. **(3)** 저의 할아버지와 할머니는 한식을 좋아합니다. My grandmother and grandfather like Korean food. **(4)** 삶과 죽음은 어려운 주제입니다. Life and death are a difficult topic.

Translate the following sentences to Korean.

1. I'm not an old person. I'm 32 years old.

_____

2. I like Jessica's long hair.

_____

3. Tiffany has pretty eyes.

_____

4. I want to see my grandson and gradndaughter once more.

_____

5. That child's round nose is so cute.

_____

6. I have an important test next week, but I'm not studying.

_____

Relationships

Chapter 18

Answers: **(1)** 저는 노인이 아닙니다. 32 살입니다. **(2)** 제시카 씨의 긴 머리카락을 좋아합니다. **(3)** 티파니 씨는 예쁜 눈이 있습니다. **(4)** 손자와 손녀를 한 번 더 보고 싶습니다. **(5)** 그 아이의 동그란 코가 너무 귀엽습니다. **(6)** 저는 다음 주에 중요한 시험이 있지만 공부를 안 합니다.

Translate the following sentences to English.

1. 다음 달에 영국에서 사촌이 옵니다.

   _____

2. 저는 3 달 동안 삼촌과 함께 삽니다.

   _____

3. 저는 어른이 되고 싶습니다. 어른들은 일하고 여행할 수 있기 때문입니다.

   _____

4. 우리 오빠는 토마토를 싫어합니다.

   _____

5. 저의 고모는 지금 유럽에서 여행합니다.

   _____

6. 제가 학교에 갈 수 없기 때문에 아버지가 저를 많이 걱정합니다.

   _____

Answers:. **(1)** Next month my cousin will come from England. **(2)** I'll live together with my uncle for 3 months. **(3)** I want to be(come) an adult. It's because adults can work and travel. **(4)** My older brother dislikes tomatoes. **(5)** My aunt now travels in Europe. **(6)** My father is worried about me a lot because I can't go to school.

Write the pronunciation of the following, applying sound change rules where necessary..

축하합니다	_____	걱정	_____
삶	_____	약속	_____

Answers: 추카함니다, 삼, 걱쩡, 약쏙

149

Chapter 18

Relationships

Practice asking the following question to 철수 above (or a partner if you have one), and answering: 가족이 어떻게 됩니까?

Example

그쪽은 가족이 어떻게 됩니까? → 저는 누나가 한 명이 있고 형도 한 명이 있고 남동생도 한 명이 있습니다. 그리고 어머니와 아버지도 있습니다.

_____

_____

_____

_____

Fill in the following family chart, in reference to your own gender (without looking at the completed chart in Chapter 18 of the book).

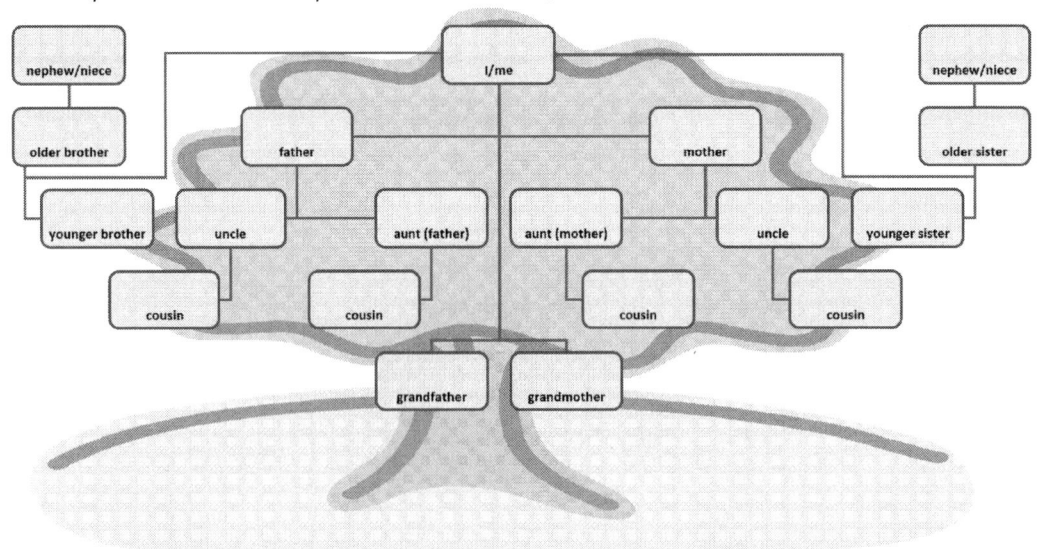

Answers: Please see the completed chart used in Chapter 18 of the book.

Relationships

Chapter 18

Match each sentence to the most appropriate drawing, then translate it..

a.    b.    c.    d.

1. 다음 주에 아기가 태어납니다.

2. 저는 아들이 2 명 있습니다.

3. 이모에게서 요리를 배웁니다.

4. 조카에게 선물을 보냅니다.

Answers: **(1)** (d) Next week the baby will be born. **(2)** (a) I have two sons. **(3)** (c) I'll learn cooking from my aunt. **(4)** (b) I'll send a present to my niece/nephew.

Track # 21

Listen to the audio track and write down what you hear, then translate it.

Answers: 영희 씨 의 어머니는 수학 교수입니다. 철수 씨의 아버지는 경찰입니다. 그리고 저의 어머니와 아버지는 가수입니다.
Yung-hee's mother is a math professor. Chul-soo's father is a police (officer). And my mother and father are singers.

151

Chapter 18

Relationships

Informal Korean

Chapter 19

Read the paragraph, and answer the following questions as True or False.

저는 요즘 7 시에 운동을 해요. 지금은 아침 8 시에요. 8 시 30 분에 샤워를 하고 얼굴에 로션을 발라요. 저는 로션을 항상 바르기 때문에 피부가 좋아요. 저는 머리가 길기 때문에 30 분 동안 머리를 말려요. 머리가 짧은 친구들이 부러워요. 특히 겨울에 짧은 머리가 부러워요. 저도 머리를 짧게 자르고 싶어요.

1. She exercises before showering in the morning.
2. She has good skin because she exercises.
3. She always put on lotion after her shower.
4. She wants to grow her hair longer.

Answers: True, False, True, False

Complete the table below by filling in the blanks.

아프다	아파요	1.
맵다	2.	맵습니다
보다	3	봅니다
알다	알아요	4.
끄다	5.	끕니다
먹다	6.	먹습니다
아니다	아니에요	7.
완벽하다	8.	완벽합니다
켜다	9.	켭니다
마시다	10.	마십니다

Answers: (1) 아픕니다, (2) 매워요, (3) 봐요, (4) 압니다, (5) 꺼요, (6) 먹어요, (7) 아닙니다, (8) 완벽해요, (9) 켜요, (10) 마셔요

Answer the following questions by conjugating the provided descriptive verbs to the 요 form.

Example

미술 책이 어디에 있습니까? + 있다 → 도서관에 있어요.

1. 그분은 누구입니까?

    이다: 저의 아버지 _____ .

Informal Korean

Chapter 19

2. 언제 비행기를 탑니까?

    타다: 내일 밤에 _____ .

3. 누구와 함께 삽니까?

    살다: 언니와 함께 _____ .

4. 겨울에 어디에 갑니까?

    가다: 할머니 집에 _____ .

5. 지금 무엇을 만듭니까?

    만들다: 아침 식사를 _____ .

6. 이 옷이 예쁩니까?

    예쁘다: 네, 아주 _____ .

Answers: (1) 예요, (2) 타요, (3) 살아요, (4) 가요, (5) 만들어요, (6) 예뻐요

Complete the following dialogues using the words in the box.

마지막	때때로	잘 가요	혹시

A: 그럼 저는 먼저 갈게요. 안녕히 계세요.

B: 네, _____ .

A: 취미가 어떻게 돼요?

B: 저의 취미는 여행이에요. _____ 친구와 함께 자전거를 타고 여행을 해요.

A: 오늘 일이 더 있어요?

B: 아니요. 이것이 _____ 일이에요.

A: 감사합니다. 천 원입니다.

B: 아, 제가 5 만 원만 하나 있어요. _____ 5 만 원이 괜찮아요?

Answers: 잘 가요, 때때로, 마지막, 혹시

Create sentences using the given words and particles in order, conjugating where necessary, then translate each sentence.

요즘	비	이 or 가	자주	오다	때문에	우산	을 or 를	가지고 가다

1. _____

_____

Informal Korean

| 저 | 은 or 는 | 그 영화 | 을 or 를 | 특히 | 좋아하다 |

2. _____

| 저기에 | 저 | 예쁘다 | 여자 | 이 or 가 | 저의 | 첫 | 여자 친구 | 이다 |

3. _____

| 우유 | 을 or 를 | 먼저 | 마시다 | 고 | 소시지 | 과 or 와 | 빵 | 을 or 를 | 먹다 |

4. _____

| 이 | 빨간색 | 드레스 | 은 or 는 | 어떻다 |

5. _____

| 언니에게 | 편지 | 을 or 를 | 보내고 싶다 |

6. _____

| 저 | 은 or 는 | 지난 주 | 부터 | 남자 친구 | 이 or 가 | 없다 | 때문에 | 너무 | 슬프다 |

7. _____

| 여기에 | 이 | 자동차도 | 깨끗하다 | 고 | 새롭다 |

8. _____

Chapter 19: Informal Korean

Answers: **(1)** 요즘 비가 자주 오기 때문에 우산을 가지고 가요. These days it rains often, so I bring an umbrella. **(2)** 저는 그 영화를 특히 좋아해요. I especially like that movie. **(3)** 저기에 저 예쁜 여자가 저의 첫 여자 친구예요. That girl over there is (was) my first girlfriend. **(4)** 우유를 먼저 마시고 소시지와 빵을 먹어요. I'll first drink milk, and (then) eat sausage and bread. **(5)** 이 빨간색 드레스는 어때요? How is this red dress? **(6)** 언니에게 편지를 보내고 싶어요. I want to send a letter to my older sister. **(7)** 저는 지난 주부터 남자 친구가 없기 때문에 너무 슬퍼요. Because I don't have a boyfriend from last week, I'm so sad. **(8)** 여기에 이 자동차도 깨끗하고 새로워요. This car here is also clean and new.

Write the pronunciation of the following, applying sound change rules where necessary..

| 묻다 | _____ | 미식이 | _____ |
| 첫 | _____ | 팼다 | _____ |

Answers: 묻따, 첟, 미시기, 팯따

Translate the following sentences to Korean using the 요 form.

1. I don't know him.

   _____

2. My cousin sings (songs) well.

   _____

3. Tonight after midnight I'll go to Seoul.

   _____

4. The blue hat is prettier.

   _____

5. First impressions are very important.

   _____

6. There is no perfect boyfriend.

   _____

7. I can speak Korean well.

   _____

8. Where is the bathroom?

   _____

Answers: **(1)** 저는 그분을 몰라요. **(2)** 사촌이 노래를 잘 불러요. **(3)** 오늘 밤 새벽에 서울에 가요. **(4)** 파란색 모자가 더 예뻐요. **(5)** 첫인상이 아주 중요해요. **(6)** 완벽한 남자 친구가 없어요. **(7)** 저는 한국어를 잘할 수 있어요. Or, 저는 한국어를 잘 말할 수 있어요. **(8)** 화장실이 어디(에) 있어요? Or, 화장실이 어디예요?

Informal Korean

Translate the following sentences to Korean using the 요 ending.

1. Chul-soo's house?

2. A pretty monkey?.

3. Who?

4. Seven people?

Answers: (1) 철수 씨의 집이요? (2) 예쁜 원숭요? (3) 누구요? (4) 일곱 명이요?

Translate the following sentences to English.

1. 저는 이 사무실을 사용해요.

2. 삼겹살과 김치를 먹고 싶어요.

3. 빨래를 거실에서 말려요.

4. 그분의 첫인상이 좋기 때문에 신뢰할 수 있어요.

5. 여기도 가끔 눈이 와요. 조금 이상하지 않아요?

6. 제가 마지막 한 조각을 먹고 싶어요.

7. 혹시 돈이 조금 있어요?

Chapter 19

Informal Korean

8. 저는 제시카 씨를 만나고 싶지 않아요.

Answers: **(1)** I use this office. **(2)** I want to eat pork belly and kimchi. **(3)** I'll dry the laundry in the living room. **(4)** Because their first impression is good, I can trust them. **(5)** Here it snows sometimes too. Isn't it a little strange? **(6)** I want to eat the last piece. **(7)** By chance do you have a little money? **(8)** I don't want to meet Jessica.

Check whether the following verbs have been conjugated correctly to the 요 form. If not, write their correct conjugation.

주다	줘요	1. _____
가르치다	가르처요	2. _____
좋지 않다	좋지 않어요	3. _____
나쁘다	나빠요	4. _____
알다	알으요	5. _____
모르다	몰라요	6. _____
춥다	춥어요	7. _____
내다	내요	8. _____
듣다	듣어요	9. _____
받다	받아요	10. _____
공부(를) 하다	공부(를) 해요	11. _____
되다	되요	12. _____
있다	있으요	13. _____
없다	없어요	14. _____

Answers: **(1)** OK, **(2)** 가르쳐요, **(3)** 좋지 않아요, **(4)** OK, **(5)** 알아요, **(6)** OK, **(7)** 추워요, **(8)** OK, **(9)** 들어요, **(10)** OK, **(11)** OK, **(12)** 돼요, **(13)** 있어요, **(14)** OK

Informal Korean

Chapter 19

Match each sentence to the most appropriate drawing, then translate it..

a.   b.    c.   d.

e. 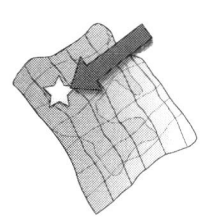   f.

1. 여보세요? 누구예요?

2. 저의 형이 항상 이상한 그림만 그려요.

3. 이 프로그램이 아주 재미있어요. 더 보고 싶어요.

4. 제시카 씨는 똑같은 노래를 자주 들어요.

5. 김치를 가끔 먹어요. 자주 먹지 않아요.

6. 저는 이 지역을 잘 몰라요. 여기 길을 몰라요. 도와주세요.

Answers: **(1)** (c) Hello? Who is it? **(2)** (a) My brother always draws only strange drawings. **(3)** (b) This program is very fun. I want to watch more. **(4)** (f) Jessica often listens to the exact same song. **(5)** (d) I sometimes eat kimchi. I don't eat it often. **(6)** (e) I don't know this area well. I don't know the streets here. Please help me.

| Chapter 19 | **Informal Korean** |

Track # 22

Listen to the audio track and write down what you hear, then translate it.

_____

_____

_____

Answers: 저는 키가 크고 잘생긴 남자예요. 성격도 좋고 특히 인상이 아주 좋아요. 저는 정말 완벽해요. I am a tall and handsome man. My personality is good, and my impression is especially very good. I am really perfect.

Past Tense

Chapter 20

Complete the table below by filling in the blanks.

	사다	1.		샀습니다
2.		입었어요	3.	
	벗다	4.		벗었습니다
	걷다	5.	6.	
7.		웃겼어요	8.	
	괜찮다	9.		괜찮았습니다
	맞다	10.	11.	
	맛있다		맛있어요	12.

Answers: (1) 샀어요, (2) 입다, (3) 입었습니다, (4) 벗었어요, (5) 걸었어요, (6) 걸었습니다, (7) 웃기다, (8) 웃겼습니다, (9) 괜찮았어요, (10) 맞았어요, (11) 맞았습니다, (12) 맛있었습니다

Complete the following dialogues using the words in the box.

옆에	끝났어요	신었어요	갔어요	행운을 빌어요	광고

A: 어제 남자 친구의 동생을 만났어요. 그리고 오늘 저녁에 남자 친구의 누나를 만나요.

B: 영희 씨는 첫인상이 좋아요. _____ !

A: 그 신발은 제 신발이에요.

B: 미안해요. 검정색 신발이 필요하기 때문에 _____ .

A: 무엇을 봤어요?

B: 자동차 _____ 를 봤어요.

A: 저의 취미는 여행이에요.

B: 저도 여행을 좋아해요. 작년에 영국에 _____ . 올해는 중국에 가요.

A: 어디에 있어요?

B: 저는 파란 문 _____ 있어요.

A: 빨리 가요. 영화가 시작했어요.

B: 미안해요. 회사 일이 늦게 _____ .

Answers: 행운을 빌어요, 신었어요, 광고, 갔어요, 옆에, 끝났어요

161

Chapter 20: Past Tense

*Create sentences in the **past tense** with the 요 form using the given words and particles in order, then translate each sentence.*

어제	저	이 or 가	노란색	한복	을 or 를	입고 싶다

1. _____

눈	이 or 가	오다	때문에	친구	과 or 와	함께	우산	을 or 를	쓰다

2. _____

누구	이 or 가	이	반지	을 or 를	선택(을) 하다

3. _____

어제	학교에	맛(이) 있다	샌드위치	이 or 가	있다

4. _____

날씨	이 or 가	덥다	때문에	코트	을 or 를	벗다

5. _____

누구	이 or 가	작다	건물	안에	있다

6. _____

Answers: **(1)** 어제 제가 노란색 한복을 입고 싶었어요. Yesterday I wanted to wear a yellow Hanbok. **(2)** 눈이 오기 때문에 친구와 함께 우산을 썼어요. Because it's snowing I used an umbrella with my friend. **(3)** 누가 이 반지를 선택했어요? Who chose this ring? **(4)** 어제 학교에 맛있는 샌드위치가 있었어요. Yesterday at school there were delicious sandwiches. **(5)** 날씨가 덥기 때문에 코트를 벗었어요. Because the weather is hot I took off my coat. **(6)** 누가 작은 건물 안에 있었어요? Who was inside the small building?

Past Tense

Chapter 20

❓ Write the pronunciation of the following, applying sound change rules where necessary..

신다 _____   앞 _____

끝나다 _____   앞에 _____

책상 _____   갑자기 _____

옮기다 _____   끝 _____

Answers: 신따, 끈나다, 책쌍, 옴기다, 압, 아페, 갑짜기, 끋

❓ Connect each article of clothing in the left column with the most appropriate verb for "to wear" in the right column.

티셔츠 •	• 신다
양말 •	• 끼다
모자 •	• 입다
장갑 •	• 차다
손목시계 •	• 쓰다

Answers: 입다, 신다, 쓰다, 끼다, 차다

❓ Choose whether each of the following particles combinations are correct or incorrect.

1. 저에게는 _____   5. 저는도 _____
2. 저에게만 _____   6. 저만 _____
3. 저도에게 _____   7. 제가도 _____
4. 제가에게 _____   8. 저도만 _____

Answers: (1) Correct, (2) Correct, (3) Incorrect, (4) Incorrect, (5) Incorrect, (6) Correct, (7) Incorrect, (8) Incorrect

❓ Complete the following sentences using the postpositions in the box. There may be multiple possible answers.

| 옆 | 위 | 밖 | 안 | 앞 | 밑 | 뒤 |

1. 개는 집 ____ 에 있어요.

2. 지갑이 가방 ____ 에 있었습니다.

3. 신발은 개 ____ 에 있어요.

4. 바나나는 자동차 ____ 에 있어요.

5. 저는 저의 친구를 집 ____ 에서 만났어요.

6. 김 씨는 벽 ____ 에서 아이스크림을 먹었어요.

7. 우리 어머니는 저 ____ 에 있어요.

Answers: (1) 밖, (2) 안, (3) 밑, (4) 위, (5) 앞, (6) 뒤, (7) 옆

Note that while these might be the <u>most</u> preferred answers, logically any of these postpositions could fit in almost any space.

Chapter 20: Past Tense

Rewrite each of the following sentences in the past tense with the 요 form, then translate it.

1. 저는 그에게 진실만 말해요.

2. 지난 주까지 매주 공원에서 걸어요.

3. 어제는 중국 음식만 먹어요.

4. 부모님을 생각해요.

5. 삼촌에게서 사전을 빌려요.

6. 고양이는 침대 밑에 있어요.

Answers: (1) 저는 그에게 진실만 말했어요. I only told him the truth. (2) 지난 주까지 매주 공원에서 걸었어요. Until last week I walked in the park every week. (3) 어제는 중국 음식만 먹었어요. Yesterday I only ate Chinese food. (4) 부모님을 생각했어요. I thought of my parents. (5) 삼촌에게서 사전을 빌렸어요. I borrowed a dictionary from my uncle. (6) 고양이는 침대 밑에 있었어요. The cat was underneath the bed.

Past Tense

Practice with 철수 above (or a partner if you have one) describing where various objects are in the room that you are currently in. Then say where those same objects were yesterday.

Example
연필은 문 앞에 있어요. 어제 책상 위에 있었어요.

Translate the following sentences to Korean using the 요 form.

1. I chose steak.

2. It was a green apple.

3. I didn't want to fall in love.

4. I put the lamp down on top of the book.

5. Last week I bought a wristwatch and dress shoes at the store.

Past Tense

Chapter 20

6. I'm more handsome than that singer.

7. The furniture was behind the big mirror.

8. The movie already started. Please come quickly.

9. As expected, Chul-soo arrived late.

10. Class finished at 1 o'clock after midnight.

Answers: **(1)** 저는 스테이크를 선택했어요. **(2)** 초록색 사과였어요. **(3)** 사랑에 빠지고 싶지 않았어요. **(4)** 램프를 책 위에 놓았어요. **(5)** 지난 주 (제가) 가게에서 손목시계와 구두를 샀어요. **(6)** 제가 그 가수보다 더 잘생겼어요. **(7)** 가구는 큰 거울 뒤에 있었어요. **(8)** 영화가 이미 시작했어요. 빨리 오세요. **(9)** 역시 철수 씨가 늦게 도착했어요. **(10)** 수업이 새벽 1시에 끝났어요.

Translate the following sentences to English.

1. 비가 오기 때문에 수업을 30 분 일찍 끝냈어요.

2. 긴 광고가 끝났어요.

3. 아마도 아니에요.

4. 제가 봤어요. 나무가 움직였어요.

5. 탁현 씨 더워요? 탁현 씨만 반바지를 입었어요.

6. 이 책을 처음부터 끝까지 읽었어요.

Past Tense

Chapter 20

7. 저는 과거와 현재와 미래의 대통령을 만나고 싶어요.

___

8. 친구의 농담이 정말 웃겼어요. 저도 웃긴 농담을 하고 싶어요.

___

9. 저는 숙제를 끝냈어요. 하지만 개가 저의 숙제를 훔쳤어요.

___

10. 제가 요즘 매일 바지를 입지만 작년에 바지를 자주 안 입었어요.

___

Answers: **(1)** Because it's raining I finished the class 30 minutes early. **(2)** The long advertisement finished. **(3)** It probably isn't. **(4)** I saw it. The tree moved. **(5)** Tak-hyeon, are you hot? Only Tak-hyeon wore shorts. **(6)** I read this book from the beginning to the end. **(7)** I want to meet the past, present, and future Presidents. **(8)** My friend's joke was really funny. I want to tell a funny joke too. **(9)** I finished the homework. But the dog stole my homework. **(10)** Lately I wear pants every day, but last year I didn't often wear pants.

Conjugate the following in the past tense with the 요 form.

1. 잘생기다 _____ .
2. 사진을 찍다 _____ .
3. 노래를 부르다 _____ .
4. 길을 물어보다 _____ .
5. 유리가 깨끗하다 _____ .
6. 매월 수업을 가르치다 _____ .
7. 아이가 가볍다 _____ .
8. 친구에게 행운을 빌다 _____ .

Answers: **(1)** 잘생겼어요 **(2)** 사진을 찍었어요 **(3)** 노래를 불렀어요 **(4)** 길을 물어봤어요 **(5)** 유리가 깨끗했어요 **(6)** 매월 수업을 가르쳤어요 **(7)** 아이가 가벼웠어요 **(8)** 친구에게 행운을 빌었어요

Chapter 20

Past Tense

Match each sentence to the most appropriate drawing, then translate it..

a.　　　　　b. 　　　　　c. 　　　　　d.

　　　　　　　　e. 　　　　　f.

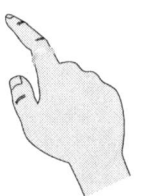

1. 손에 반지를 꼈어요.

___

2. 오늘 모자를 썼어요.

___

3. 저는 매년 아주 중요한 시험을 봐요. 그래서 열심히 공부하고 싶어요.

___

4. 원숭이도 사랑에 빠질 수 있어요.

___

5. 저는 과거에 학생이었어요. 미래에 선생님이 되고 싶어요. 저는 할 수 있어요.

___

6. 내년에 대학교에서 제 수업이 끝나요. 저는 많이 걱정해요.

___

Answers: **(1)** (f) I wore a ring on my hand. **(2)** (c) Today I wore a hat. **(3)** (d) Every year I take a very important test. So I want to study hard. **(4)** (a) Monkeys can fall in love too. **(5)** (e) In the past I was a student. In the future I want to become a teacher. I can do it. **(6)** (b) Next year at college my classes will end. I am worried a lot.

Past Tense

Track # 23

Listen to the audio track and write down what you hear, then translate it.

_____

_____

Answers: 내일은 시험이 있어요. 저는 저녁 8시까지 열심히 공부를 했어요. 하지만 갑자기 맛있는 케이크를 먹고 싶었어요. 그래서 주방에 갔어요. 주방에서 설탕을 찾았어요. 하지만 우유를 찾을 수 없었어요. 우유는 고양이가 마셨어요. Tomorrow there is a test. I studied hard until 8 o'clock in the evening. But suddenly I wanted to eat some delicious cake. So I went to the kitchen. I found sugar in the kitchen. But I couldn't find milk. The cat drank the milk.

Chapter 20

Past Tense

Appendix C. Sound Change Rules

Circle only the five base consonants commonly used in sound change rules.

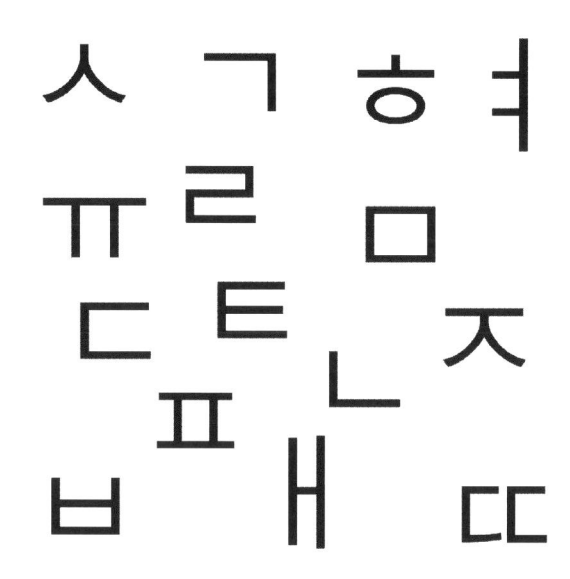

ㅅ　ㄱ　ㅎ　ㅕ

ㅠ　ㄹ　　ㅁ

　ㄷ　ㅌ　　ㅈ

　　ㄴ

ㅂ　　ㅐ　ㄸ

Answers: ㄱ, ㄷ, ㅂ, ㅅ, ㅈ

Write down the pronunciation of the following examples, paying close attention to each sound change rule listed.

1. Consonant + Base Consonant

1. 극단　　극딴
2. 받았다　____
3. 백번　　____
4. 있다　　____
5. 합당　　____
6. 악보　　____
7. 갔지　　____
8. 깊다　　____
9. 잊다　　____
10. 맡기다　____
11. 덥다　　____
12. 밉다　　____
13. 맛집　　____
14. 옷장　　____
15. 흡수　　____
16. 합방　　____
17. 웃다　　____
18. 팥빙수　____
19. 막간　　____
20. 앞길　　____

Answers: (1) 극딴, (2) 받앋따, (3) 백뻔, (4) 읻따, (5) 합땅, (6) 악뽀, (7) 갇찌, (8) 깁따, (9) 읻따, (10) 맏끼다, (11) 덥따, (12) 밉따, (13) 맏찝, (14) 옫짱, (15) 흡쑤, (16) 합빵, (17) 욷따, (18) 팓삥수, (19) 막깐, (20) 압낄

Appendix C. Sound Change Rules

2. Base Consonant + ㅎ
ㅎ + Base Consonant

1. 앓다   알타
2. 좋지   ____
3. 많대요   ____
4. 부딪히다   ____
5. 약해요   ____
6. 끓고   ____
7. 옳다   ____
8. 익힌   ____
9. 옳지   ____
10. 못해요   ____

Answers: **(1)** 알타, **(2)** 조치, **(3)** 만태요, **(4)** 부디다, **(5)** 야캐요, **(6)** 끌코, **(7)** 올타, **(8)** 이킨, **(9)** 올치, **(10)** 모태요

3. ㄷ/ㅌ + 이 = 치
ㄷ + 히 = 치

1. 맡이다   마치다
2. 굳이   ____
3. 맏이   ____
4. 붙인   ____
5. 붙여   ____
6. 붙일   ____
7. 갇힌   ____
8. 갇힐   ____
9. 갇혔어요   ____
10. 같이 가요   ____

Answers: **(1)** 마치다, **(2)** 구지, **(3)** 마지, **(4)** 부친, **(5)** 부쳐, **(6)** 부칠, **(7)** 가친, **(8)** 가칠, **(9)** 가쳐써요, **(10)** 가치 가요

4. ㄹ + Base Consonant

1. 일조   일쪼
2. 갈등   ____
3. 알사   ____
4. 밀소   ____
5. 월자   ____
6. 일등   ____
7. 일증   ____
8. 월세   ____
9. 물고기   ____
10. 먹을게요   ____

Answers: **(1)** 일쪼, **(2)** 갈뜽, **(3)** 알싸, **(4)** 밀쏘, **(5)** 월짜, **(6)** 일뜽, **(7)** 일쯩, **(8)** 월쎄, **(9)** 물꼬기, **(10)** 머글께요

5. ㅂ/ㅍ + ㄴ/ㅁ

1. 옵니다   옴니다
2. 먹습니다   ____
3. 덥니   ____
4. 나갑니다   ____
5. 없는   ____
6. 밥물   ____
7. 앞니   ____
8. 입문   ____
9. 출입문   ____
10. 첫 수업날   ____

Answers: **(1)** 옴니다, **(2)** 먹씀니다, **(3)** 덤니, **(4)** 나감니다, **(5)** 엄는, **(6)** 밤물, **(7)** 암니, **(8)** 임문, **(9)** 추림문, **(10)** 첟 쑤엄날

Appendix C. Sound Change Rules

6. ㅂ + ㄹ

1. 업로드   엄노드
2. 답리   ____
3. 입력   ____
4. 입로   ____
5. 급로   ____
6. 입량   ____
7. 압리   ____
8. 압류   ____
9. 합로   ____
10. 협로   ____

Answers: (1) 엄노드, (2) 담니, (3) 임녁, (4) 임노, (5) 금노, (6) 임냥, (7) 암니, (8) 암뉴, (9) 함노, (10) 혐노

7. ㄱ + ㄹ

1. 식료   싱뇨
2. 악력   ____
3. 학류   ____
4. 식림   ____
5. 직로   ____
6. 맥락   ____
7. 백란   ____
8. 박로   ____
9. 익량   ____
10. 직력   ____

Answers: (1) 싱뇨, (2) 앙녁, (3) 항뉴, (4) 싱님, (5) 징노, (6) 맹낙, (7) 뱅난, (8) 방노, (9) 잉냥, (10) 징녁

8. Consonant + ㄴ/ㅁ

1. 닫나   단나
2. 못 말리다   ____
3. 믿는   ____
4. 다섯 명   ____
5. 못나   ____
6. 있나   ____
7. 잊는   ____
8. 묻는   ____
9. 맞니   ____
10. 못 물어봐   ____

Answers: (1) 단나, (2) 몬말리다, (3) 민는, (4) 다선명, (5) 몬나, (6) 인나, (7) 인는, (8) 문는, (9) 만니, (10) 몬무러봐

9. ㄱ/ㄲ/ㅋ + ㄴ/ㅁ

1. 국내   궁내
2. 중국말   ____
3. 목 말라   ____
4. 겪는   ____
5. 묶는   ____
6. 학문   ____
7. 핵미사일   ____
8. 북미   ____
9. 백마일   ____
10. 백년   ____

Answers: (1) 궁내, (2) 중궁말, (3) 몽말라, (4) 경는, (5) 뭉는, (6) 항문, (7) 행미사일, (8) 붕미, (9) 뱅마일, (10) 뱅년

Appendix C. Sound Change Rules

10. ㅅ + ㅣ/ㅑ/ㅕ/ㅖ/ㅒ/ㅛ/ㅠ

Choose whether or not each of the following words contain a vowel sound pronounced like "sh."

1. 쉽 ____
2. 시대 ____
3. 산 ____
4. 손 ____
5. 샨 ____
6. 션 ____
7. 쇼 ____
8. 써 ____
9. 쓴 ____
10. 슝 ____

Answers: (1) Yes, (2) Yes, (3) No, (4) No, (5) Yes, (6) Yes, (7) Yes, (8) No, (9) No, (10) Yes

11. ㅇ/ㅁ + ㄹ

1. 음료수 음뇨수
2. 강력 ____
3. 심리 ____
4. 빙류 ____
5. 암류 ____
6. 침략 ____
7. 상란 ____
8. 침로 ____
9. 황리 ____
10. 대통령 ____

Answers: (1) 음뇨수, (2) 강녁, (3) 심니, (4) 빙뉴, (5) 암뉴, (6) 침냑, (7) 상난, (8) 침노, (9) 황니, (10) 대통녕

12. ㄴ + ㄹ
ㄹ + ㄴ

1. 진리 질리
2. 민란 ____
3. 힐난 ____
4. 반로 ____
5. 절나부 ____
6. 한라봉 ____
7. 신리 ____
8. 선릉 ____
9. 울남 ____
10. 칠년 ____

Answers: (1) 질리, (2) 밀란, (3) 힐란, (4) 발로, (5) 절라부, (6) 할라봉, (7) 실리, (8) 설릉, (9) 울람, (10) 칠련

↳ Special Thanks ↲

I could not have made this book without the support of the following individuals. You helped this book to become what it is, and it's thanks to you that it even exists. I'd like to give a special thank you to each person here who has contributed to this book's creation.

Joel Tersigni

Nikka Asuncion

박수현

Sarah Hong

A-Huimang

Alexander Herbst

Mitch

Marnus Van Eeden

Richard McSorley

Amaryliz

Andrew "Bisoromi" Shin

Arisilan

Jed 'Ajedsshi' Santiago

마이케

Angel Rose

Karminas

Clea B.

Kaili S.

mangopickle28

Francesca Angelica Cavazzana

Alina Kerber

Luke James

Guillermo Robles Wismann

runtmax

Elea

Lorrany Bastos

Alex Vaccaro

손소현

김찬곤

Nadine Gruneich

John Man

Kendra (디)

DefZen

Daniel Pepper

Karen Chacko

Thisneverworks

Eileen Zetoff

Tehila Gomez

Claire Mingham

Taija Rae

Carolina

Andy Roberts

Waulnut

하바위

Jeremiah Hernandez

KatieAegi

AllLogarithmsEqual

Haley

AerynSG

Cheryl McGuckin

Nicola Garlet

Tessa

Thank you for checking out my book! I hope you enjoyed reading it as much as I enjoyed writing it. If you enjoyed this book, I'd love if you would leave a review at your favorite retailer. And keep an eye out for my future projects too. I'm always working hard creating new ways to help you learn Korean. Good luck in your studies!

About the Author:

Billy Go has been working as a Korean translator since 2008 with his B.A. in Korean, and currently teaches Korean online. He has spent several years living in South Korea, and still visits often.

Connect with me:

Subscribe to my **Blog**: www.gobillykorean.com
Subscribe to my videos on **YouTube**: youtube.com/gobillykorean
Like me on **Facebook**: facebook.com/gobillykorean
Follow me on **Twitter**: twitter.com/gobillykorean

Made in the USA
Middletown, DE
31 May 2021